让你受益一生的成功必读指导

青年社交宝典

龚 俊◎编著

煤炭工业出版社

·北 京·

图书在版编目（CIP）数据

青年社交宝典／龚俊编著．－－北京：煤炭工业出版社，2018

ISBN 978－7－5020－6706－9

Ⅰ．①青…　Ⅱ．①龚…　Ⅲ．①心理交往—青年读物　Ⅳ．①C912.11－49

中国版本图书馆 CIP 数据核字（2018）第 122330 号

青年社交宝典

编　　著	龚　俊
责任编辑	马明仁
封面设计	盛世博悦

出版发行　煤炭工业出版社（北京市朝阳区芍药居 35 号　100029）
电　　话　010－84657898（总编室）　010－84657880（读者服务部）
网　　址　www.cciph.com.cn
印　　刷　北京德富泰印务有限公司
经　　销　全国新华书店

开　　本　880mm×1230mm$^1/_{32}$　印张　$7^1/_2$　字数　190 千字
版　　次　2018 年 10 月第 1 版　2018 年 10 月第 1 次印刷
社内编号　20180275　　　　定价　49.50 元

■ 前 言

　　一个人社交能力的强弱与否，往往会有云泥之别。也正因为如此，生活中有人幸福快乐，有人却很失败。

　　在提倡"充电"的今天，大多数年轻人都马不停蹄地忙于学习各种专业知识与技能，以便不被高速前进的社会列车抛下。只是，为考取各种证件而忙得陀螺般急转的你，可曾好好想过：你是否忽视了一门早就应该学习却至今未引起重视的主修课——社交？

　　美国著名社会学家卡耐基先生说过这样一句话："一个人事业的成功，只有15%是依赖于他的专业知识和技能，而85%则是依靠他的人际关系和处世能力。"人际关系和处世能力，实际上都属于社交能力。

　　卡耐基这句名言之所以广为流传，并常常被引用在各种书籍中，是因为其中闪烁着他对社会敏锐观察的智慧。事实上，我们也常常会发现，一些在学校成绩突出的同学，因为走向社会后继续保持"一心只读圣贤书，两耳不闻窗外事"的"传统"，最终成为学者、教授；而一些学生时代成绩并不突出的同学，在走向社会后因为具有高超的社交能力，步步高升，竟成为这些学者、教授的领导。这个现象看似反常，实则正常。因为当今社会是一个愈来愈紧密的组织，很多工作的完成需要高超的沟通能力、协调能力——这些都属于社交能力的范畴。

　　社交不仅是一个人事业成功的需要，还是人内心自然的需求。有一句名言：如果你把快乐告诉一个朋友，你将得到双倍的快乐，而你如果把忧愁向一个朋友倾诉，你将被分掉一半忧愁。人的天性是喜欢得到快乐，摆脱忧愁，而社交可以满足人们的这个愿望。它可以使人们获得知心朋友，可以得到他人的关怀和帮助，可以活跃并丰富人们的社会生活，有益于人们的身心健康。

此外，社交还是人获得幸福生活的保障。生活就是与人相处，相处得好，就生活得好。如果我们有一个能对之吐露生活琐事的朋友，也就开凿了一条通往美好生活的通道。而一旦失去倾诉心声的知己，生活也就顿然失去光彩，变得一切空虚、恍惚。社交可以帮助我们领悟生活的意义，促使我们培养对生活的积极态度，感受生活的愉快和欢乐。

社交的好处还有很多，它是你人生要完成的首要课题，谁掌握了社交的本领，谁就掌握了自己的命运。

社会也是一所大学，社交是这所大学的主修课——它占了85%的学分。相对来说，大多数刚从大学里走出的年轻人并不缺乏专业知识和技能，他们缺乏的是社交能力。每个人的社交能力都不是与生俱来的，它可以通过后天的学习来提高。《青年社交枕边书》从不同的角度为你阐释、分析了社交的方法与技巧，总结社交的经验与教训，是青年朋友提高社交能力的好助手。

目 录 Contents

第一章　幸福的保障是社交能力……………………………………　1

会社交，路越走越宽…………………………………………………　1

会社交，办事能力强…………………………………………………　3

会社交的人薪资往往更高……………………………………………　5

社交是获得幸福的重要途径…………………………………………　6

如何利用网络拓展社交………………………………………………　7

为自己编织一张可以调节的社交网…………………………………　9

如何克服社交恐惧症…………………………………………………　10

社交强迫症的成因和改善方法………………………………………　11

你的社交能力有多强…………………………………………………　13

第二章　顺畅的沟通从说话圆融开始………………………………　16

用闲聊开启话题………………………………………………………　16

用亲切的称呼打开对方的心理之门…………………………………　18

以对方关心的层面为谈话主题………………………………………　19

善于倾听，更受欢迎…………………………………………………　20

多肯定对方的观点……………………………………………………　21

插话时要把握好分寸…………………………………………………　23

用相似语言博得好感…………………………………………………　24

不要吝啬你的赞美……………………………………………………　25

多一些道谢和道歉·······················27

说什么话要因人而异·····················29

交谈中不同性格的人如何应对············31

话出口前要字斟句酌·····················33

避免说容易让人误解的话················35

管好嘴巴对别人是一种尊重·············36

交谈时注意调节自己的声音·············40

注意自己的言谈举止和表情·············41

7 种谈吐态度应摒弃·····················42

掌握电话交谈的 5 个原则···············44

6 种话易让人反感·······················46

第三章 办事讲策略，成事有方法·······48

怎样请求别人帮你办事··················48

说话委婉可以避免尴尬··················51

投其所好，假装顺从·····················53

抓住对方的心理弱点·····················55

办事要学会变通··························57

善于运用发散性思维·····················57

与 9 种性格的人的交流方法·············58

办事要学会运用亲戚关系················61

办事要学会运用朋友关系················64

办事要学会运用老乡关系················66

办事要学会运用同学关系················67

办事要学会运用领导关系················69

办事要学会运用同事关系················72

受到冷遇怎么办··························73

不被拒绝的 6 个诀窍 ……………………………………… 76

如何应对托你办事的人 …………………………………… 79

第四章 用幽默感为影响力加分 ……………………………… 81

幽默与笑声密不可分 ……………………………………… 81

幽默可以广结良缘 ………………………………………… 83

构成影响力的重要因素是幽默 …………………………… 85

幽默感让社交气氛更活跃 ………………………………… 86

幽默地表达不满能避免冲突 ……………………………… 89

敌意可以用幽默回击 ……………………………………… 90

巧借幽默摆脱尴尬 ………………………………………… 93

自嘲是不可多得的灵丹妙药 ……………………………… 95

如何提高幽默水准 ………………………………………… 97

第五章 交朋友要学会主动出击 ……………………………… 101

扩大交际圈的有效方法 …………………………………… 101

如何给人留下好印象 ……………………………………… 103

友谊建立在尊重的基础上 ………………………………… 105

让朋友的交际网为自己所用 ……………………………… 106

把握"淡而不断"的交往原则 …………………………… 107

关系再好也好注意小节 …………………………………… 108

朋友之间要把握交往的"度" …………………………… 109

珍惜给你忠告和批评的朋友 ……………………………… 111

如何对付难相处的人 ……………………………………… 112

人要长交，账要短算 ……………………………………… 113

如何区别好朋友与坏朋友 ………………………………… 115

学会将朋友分等级 ………………………………………… 117

结交卓越人士的方法 …………………………………………… 118

慧眼识"贵人" …………………………………………………… 121

第六章 修养表现在待人接物的礼节上 ………………… 123

礼节是最高贵的"饰物" ………………………………………… 124

注意礼节从打招呼做起 ………………………………………… 125

何为正确的握手礼节 …………………………………………… 127

送礼是一种社交艺术 …………………………………………… 129

掌握送礼的六大技巧 …………………………………………… 131

拜访别人应进度有度 …………………………………………… 133

敬语与谦辞能显示一个人的修养 ……………………………… 135

举止不得体的表现有哪些 ……………………………………… 137

第七章 和为贵,朋友多了路好走 …………………………… 139

要有主动"让道"的精神 ………………………………………… 140

太较真会活得太累 ……………………………………………… 142

每个人都有自己的处世原则 …………………………………… 145

学会"爱"你的仇人 …………………………………………… 146

与两面三刀的人交往要谨慎 …………………………………… 148

如何与爱贪小便宜的人打交道 ………………………………… 150

别人暴躁我不躁 ………………………………………………… 152

对搬弄是非的人敬而远之 ……………………………………… 154

第八章 圆滑做人,玩转职场 ………………………………… 156

办公室政治躲不开 ……………………………………………… 156

与人为善,积累人气 …………………………………………… 159

在办公室说话的 5 个要点 ……………………………………… 162

超实用的办公室生存策略……………………………………… 164

初入职场应该知道的"游戏"规则…………………………… 167

不受欢迎的 7 个原因…………………………………………… 168

和同事发生不愉快要正确处理………………………………… 171

如何处理办公室中的感情关系………………………………… 173

第九章 "谈"出来的爱情……………………………………… 176

用温文尔雅俘获芳心…………………………………………… 176

了解女人心的 7 个诀窍………………………………………… 178

改变称呼的神奇功效…………………………………………… 180

如何让关系更进一步…………………………………………… 181

7 个技巧帮你追到心仪的男孩………………………………… 181

如何区分是友谊还是爱情……………………………………… 184

拒绝追求的 4 种方法…………………………………………… 188

掌握约会的规则………………………………………………… 190

女孩的恋爱宝典………………………………………………… 194

让男人有机会献殷勤…………………………………………… 195

尽量增加接触机会的次数……………………………………… 196

鼓励会让女孩变得更美………………………………………… 197

同居不可取……………………………………………………… 198

想清楚再结婚…………………………………………………… 199

让爱情保鲜……………………………………………………… 200

第十章 应酬是社交的法宝…………………………………… 204

八面玲珑的应酬技巧…………………………………………… 204

要抓住客户的心，先抓住他的胃……………………………… 205

难处大都可以通过饭局化解…………………………………… 206

友情可以"吃"出来 ···················· 206

做客的 3 个原则 ···················· 207

宴会着装要重视 ···················· 209

做好东道主的技巧 ···················· 210

关于介绍的注意事项 ···················· 213

如何用口才驾驭宴席 ···················· 216

学会酒桌规则，提高应酬水平 ···················· 217

怎样说好祝贺语 ···················· 218

避免无趣谈话的 6 个技巧 ···················· 220

不该说的 5 个话题 ···················· 221

谁能制造话题谁就是主角 ···················· 222

制造欢乐气氛的 9 个诀窍 ···················· 223

如何在酒宴中保持清醒 ···················· 225

酒后之词要学会辨别 ···················· 228

女士在酒宴中保护自己的技巧 ···················· 229

第一章　幸福的保障是社交能力

我如何对待他人，他人如何回应我？爱情如何心想事成？婚姻怎样和睦美满？办公室政治让我疲于应付？为何我总是在重要场合举止失当？别人无意间的一句话怎么让我方寸大乱？

英国诗人约翰·唐尼说过：没有人是一座孤岛。作为社会人，你得与社会的交往、联系——谓之"社交"。你的社交能力高低，决定了社会对你的回馈。一个社交能力高的人，路子宽、能耐大、影响力强、薪资高。

社交是人内心自然的需求，同时也是人获得幸福生活的保障，更是事业的前提。生活质量的好坏和事业成功的机会与社交圈的大小体系直接相关。社交可以使人获得知心朋友，可以得到他人的关怀和帮助，同时也活跃丰富了人的社会生活，更为事业的成功搭建了不可或缺的平台。

社交几乎主宰了与幸福有关的事物。作为年轻人，切不可疏于社交，怠于提高社交能力。

会社交，路越走越宽

一只老青蛙遇见一只老蜘蛛，大吐苦水道："我一辈子都在辛勤工作，但只能勉强糊口。现在我年老力衰，等待我的命运却是要饥饿而死。而你，我从没见你劳动过，却衣食丰足，即使现在老了，仍不愁吃喝，自有投网者，送来美味佳肴，这世道真不公平啊！"

老蜘蛛回答说："你说得不对，想当年，我年轻时每天操劳，日复一日地织我这张网，好不容易生活才有了依靠。就是现在，我还随时要修复经常出现的破洞。你之所以生活艰辛、老而无靠，那是因为你是靠四条腿在生活，而我是靠一张网在生活，网不会因我年老而衰，所以我虽然年事已高，而生活不愁。如果我也像你一样靠我这几条纤细的腿来生活，我会过得比你还惨百倍。"

人生又何尝不是如此？一张良好的人际关系网，就是一个人一生最大的保障。仿佛一张透明的蜘蛛网，人际关系看不见却能感觉得到，摸不着却能量巨大。从一定意义上说，这个世界一切与成功有关的"好东西"，都是给人际关系顺畅、硬扎的人准备的。人际关系高手们左右逢源，四通八达，对他们而言，没有趟不过的河、翻不过的山。自己解决不了的事，找亲戚帮忙；亲戚解决不了，可以找朋友；朋友帮不上忙，可以找领导。再不成，找朋友的领导或亲戚的邻居，也要达到目的。

香港特区"景泰蓝大王"陈玉书先生曾言及他创业初期在一个公园漫步时，偶尔碰见一位女士和她的孩子在玩荡秋千。由于该女士身单力薄，荡起秋千上小孩时显得十分吃力。于是，陈先生主动上前帮忙，陪她们玩得很开心。临走时，女士留给陈先生一张名片，说以后若需帮忙可以找她。原来这个女士竟是某国大使夫人。后来，陈先生通过她得到了一张运往香港的货物的签发证，从中赚了一大笔钱，由此成为他事业的一个起点。

仅仅是因为一次主动的善意的社交，陈玉书就收获了第一桶金。如果你还没有认识到社交面广的重要性，编者问你一个问题：在你引以为憾的往事中，有多少失败了的事情只要有一个关键人物出手帮你，你就可以摆脱败局？一定很多吧？多少次我们怀着遗憾的心情自言自语：要是我认识某某某，事情就好办了……

人的一生就是社交的一生，如果你注意观察，人与人之间的交往举目皆是，并且都体现着社交的真谛。每个人都生活在盘根错节的人脉网络中，要想生活充满乐趣、事业一马平川，谁也离不开他人的帮助与扶持。美国著名杂志《人际》在2002年的创刊词中，就有这么一段话："如果你不信，你可以回忆以往的一些经验，就会发现原本你以为是自己独立完成的事，事实上背后都有别人的帮助。因此，在社交场合，你应该尽量表露真正的自我与自己真正的才华，他们将会给你许多有用的建议。绝不可低估社交的力量，否则将白白失去许多有利的帮助之力。"

然而，不可忽略的是，当今不少年轻人宁愿花很多的工夫来钻研专业知识，考这个证哪个证，却不愿花时间在社交上。他们认为社交不仅浪费时间，而且浪费金钱。一有空闲，他们宁愿把时间放在上网聊天、网络游戏上。钻研专业知识当然好，上网聊天也不是坏事（本身也是社交的一种方式），但我们要平衡发展，不可顾此失彼。

会社交，办事能力强

成功不仅在于你知道什么或做什么，还在于你认识谁，能够借用谁的力量。一个人有多大能耐，并非仅仅指他自身的能力，而是指所能调动的所有资源。社交面够广的人，几乎没有办不成的事。没有钱有人帮他出钱，没有力有人帮他出力，他就是一个有钱有力的人。

戴维·沙诺夫（David Sarnoff, 1891—1971），美国商业无线电和电视的先驱和企业家，被誉为美国广播通讯业之父。沙诺夫是何许人？20世纪初期，在美国无线电公司的中层经理的沙诺夫，做了一件大事：用收音机转播拳击比赛。

当时拳击赛在美国十分兴盛，比赛现场总是人山人海。而当时没有诸如电视之类的转播手段，收音机也正处于开始生产制造的阶段，尚不普及。美国无线电公司也生产收音机，很希望能多销售些收音机。年轻的沙诺夫就向老板建议，应该通过收音机转播拳击赛，让消费大众感受到收音机是多么好的电器产品，就可以增加收音机的销售。但是，他的老板起先拒绝了沙诺夫的点子。最后在沙诺夫一再地说服下，老板总算勉为其难地答应了，但是条件是公司不提供任何人力与财力上的支援。

沙诺夫当时也没有钱，公司也不提供哪怕一毛钱的预算。那么，沙诺夫是怎么做到的呢？沙诺夫找到了一位对拳击赛非常了解的朋友担任转播评论员，又透过朋友向军方偷借了转播接收器两天，又请销售人员帮他拿了许多收音机到各个大学学生联合会、高中体育馆、酒吧等处装置，最后终于成功地转播了一场拳击比赛。沙诺夫没权没钱，只是认识许多人。他有的是资源、时间、诚恳及信用等社交能力。

这场拳击赛的转播，可以说是收音机史上的转折点。它对市场造成了空前的三大影响：第一个影响是收音机的销售量大幅的上升，人们排队等候购买收音机；第二个影响是很多广播公司也相继成立；第三个影响是因为制造收音机有利可图，许多工厂也转而生产制造收音机。

美国成功学家卡耐基，他在研究成功诀窍时得出一个结论：一个人的成功，有85%取决于该人的人际建构与经营的状况。"人际建构与经营的状况"说着有点拗口，其实就是"社交"的意思。外国人喜欢用精确的数据来说话，卡耐基的85%的数据也许值得商榷，但社交对于人生的重要性是任何人都要承认的。特别是在中国这个讲求人情的国度，更是不可小觑。

在现代社会的大舞台中，个人的力量是渺小的，是微不足道的，而善于寻求他人帮助，则是你不可或缺的重要途径。北宋名臣薛居正说："缺者，人难改也。"意思是，人有些缺陷光靠自己的努力是很难弥补的。很难弥补怎么办，目光朝外看，看是否有人能帮助你。现代社会里，谁孤立谁就会失败；失败了还要坚持孤立，那这个人就是个彻底的失败者了。

因此，当你的事业陷入了停滞时，你不妨问问自己：问题的关键是什么？

我能解决吗？有谁能帮我解决吗？要通过什么方法才能得到别人的帮助？

会社交的人薪资往往更高

在就业形势艰巨的今天，是什么决定了应届毕业生的薪资？有人说，英语好的学生更容易进外企，拿高薪；有人说，性格活泼的人更容易在单位上受重用。说法多了，究竟哪种正确，从来没个答案。

2007年，由麦可思公司联合盖洛普、零点共同做了一项名为"中国高等教育追踪评估系统"的调查。该年的11月，公布的调查认为：应届毕业生就业时，社交能力越强薪资越高。

如果将毕业生中月薪收入在2000元以下的毕业生作为"低收入"组，高于2000元的毕业生作为"高收入"组，将两组人的综合能力和专业能力进行对比发现，造成薪资差距的一部分原因，实际是由于在关键能力表现上的差距造成的。

从统计数据来看，收入高的大学生在社交能力指数上平均要高于收入低的大学生3.6个百分点，口头沟通能力高出3.5个百分点，协调能力高出5.1个百分点，说服他人的能力高出3.8个百分点，服务他人的能力高出5.9个百分点，而解决复杂问题的能力、谈判能力也比后者要高。

这个调查显示，毕业生的"社交能力"在就业时的重要性要略高于其他基本能力的重要性。对于刚刚走上工作岗位的毕业生来说，积极学习、口头沟通、学习方法、理解他人等涉及人际沟通、协调方面的能力技巧是最为重要的基本能力，而阅读、写作、数学解法等不涉及人际沟通的、但又是传统学校教育中投入最多的方面，其重要性反而是比较低的。

同时，调查还从大学生毕业半年后的职业所需的基本工作能力中，归纳出了11项大学生毕业时所需的关键能力，包括：有效的口头沟通、协调安排、说服他人、服务他人、解决复杂问题、质量控制分析、操作和控制、判断和决策、财务管理、人力资源管理，等等。而其中，有关社交方面的能力被排在了最前面，是影响毕业生薪资给定的最重要因素。

社交能力不单对于应届毕业的薪资影响很大，对于走向社会的"老人"也很重要。长久以来，你的眼里是否只有工作，拼命追求知识与专业的提升，社交生活却乏善可陈，不习惯参加社交场合，不懂得如何与陌生人交谈？你必须做出改变。社交能力的高低将是决定未来成就的关键。

每个年轻人人都希望成功，但往往只想到努力把工作做好，却没想到努力建立新关系，认识新朋友。不断提升工作能力，社交能力却持续退化。然而，社交能力的重要性只会越来越高。德国西门子（Siemens）企业服务部的训练主管乔·山塔那（Joe Santana）指出：面对快速变迁的竞争环境，未来工作者最重要的3大课题是：不断学习新事物、学习新技能，以及建立新关系。

社交是获得幸福的重要途径

由美国马里兰州大学社会学家所做的一项新的研究得出结论，不幸福的人看更多电视，而声称自己"非常幸福"的人在阅读和社交活动花更多时间。这一研究发表在2008年12月份出版的《社会指数研究》杂志上。这个结论是建立在对于3万名成年人的调查数据之上，其调查时间更是持续了30年（1975 — 2006），应该说是有很强的说服力的。

幸福是一种感觉。作为社会性很强的人，社交是获得幸福的一条不可或缺的途径。根据马斯洛的需求层次理论，人有五项需求：生理需求、安全需求、社交需求、尊重需求和自我实现需求。这五项需求依次由低至高，一般来说，只有低层次的需要相对满足了，才会向高一层次发展，追求更高一层次的需要就成为驱使行为的动力。作为当代青年，生理与安全这两种低层次的需求一般来说容易实现，而尊重与自我实现这两种高层次的需求又还只是"在路上"。因此，社交这个居于低层次与高层次之间的需求，正好是当今年轻人所急需的。他们都需要伙伴之间、同事之间的关系融洽，都希望得到爱情，希望爱别人，也渴望接受别人的爱。

有一句名言：如果你把快乐告诉一个朋友，你将得到双倍的快乐，而你如果把忧愁向一个朋友倾诉，你将被分掉一半忧愁，人的天性是喜欢得到快乐，摆脱忧愁，而社交可以满足人们的这个愿望。它可以使人们获得知心朋友，可以得到他人的关怀和帮助，可以活跃而丰富人们的社会生活，有益于人们的身心健康。

社交是人获得幸福生活的保障。生活就是与人相处，相处得好，就生活得好。如果我们有一个能对之吐露生活琐事的朋友，也就开凿了一条通往美好生活的通道。而一旦失去倾诉心声的知己，生活也就顿然失去光彩，变得一切空虚、恍惚。社交可以帮助我们领悟生活的意义，促使我们培养对生活的积极态度，感受生活的愉快和欢乐。

社交的好处还有很多，它是你人生要完成的首要课题，谁掌握了社交的本领，谁就掌握了自己的命运。然而，遗憾的是，现实中不懂社交、为社交难题所困扰的人实在太多了。他们虽然有想与人建立融洽的人际关系的良好愿望，却往往不知所措，甚至时常碰钉子，因而郁郁寡欢，仿佛生活也失去了意义和光彩。

如何利用网络拓展社交

厚实的电话本，近千张名片，MSN、QQ上好友成群……然而，危难之时或欣喜之际，翻开电话本、名片夹，打开电脑寻找、梳理、搜寻。实在无聊，就上网找认识的不认识的网友，有一搭没一搭地聊着。或者，在自己的博客上写点儿小文章，在QQ空间写点儿心情日记。

毫无疑问，网络社交是已经成为网络市场战略的重要组成部分。你除了收发邮件，在线聊天之外，还可以利用网络拓展社交。例如：

1. 建立或加入一个QQ群

你可以有针对性地加入（或创建）一个QQ群，把志同道合的朋友（网友）聚集在一起，一起讨论、交流。这种社交的方式不受空间的限制，你完全可以将你的社交触角遍及全国甚至全球。编者不提倡参加那些没有什么意义纯粹消遣的QQ群，提倡的是参加那些有共同爱好、志趣的QQ群。另外，如果身在异乡，参加"同乡QQ群"（类似"同乡会"）也是一个很好的社交手段。亲不亲，故乡人，大家互通有无，共同发展。编者在北京就加了一个同乡QQ群，经常与老乡聊天，逢节假日大家一起组织活动，从网上走到现实生活中。这不仅丰富了业余生活，还令我结识了不少好朋友。

2. 逛逛论坛

寻找一两个心仪的、比较活跃的论坛，注册成为会员，然后主动参与讨论。一旦你为论坛做出了贡献并为大家熟知，你就会感到如鱼得水。如果有时间与能力，成为论坛版主当然是一个拓展社交的好方法。编者的一个朋友是出版社编辑，他在一个比较有名的出版沙龙（网上）担任版主，这给他带来了不少高质量的稿源。不当版主也没关系，只要你在论坛兢兢业业，时间长了，自然也会有相处甚欢的网友。当然，单纯的认识不是目的，目的是相互学习、提高与帮助。此外，尽量远离那些宣传过头、目标人群不明确的社交网站。

3. 有张有弛

作为现代人，在享受封闭小区的安全时，失去了邻里之间的温馨；在享受高科技网络的同时，失去了朋友之间的深入交流。在快节奏的时代洪流中，现代人普遍太孤立，人与人越来越疏远。只有培养与提高社交能力，才能打破这种疏离状况。研究显示，年轻人与朋友相处的时间是逐年递减。尤其近10年来，手机、电子邮件、游戏等兴起，年轻人越来越孤单，越来越局限在只和亲近的亲友相处。职场上也是这样，工作复杂度越来越高，应具有的知识越来越多，别人越来越不了解我们的工作内容，只有亲近的朋友才了解我们的想法，人越来越孤立疏远，以致学习机会也相对减少。因此，不要过于倚重网络，要适当地走到现实中，和朋友面对面地交流沟通，解决疏远的问题。

为自己编织一张可以调节的社交网

如同蜘蛛要经常修补整理自己的蛛网，否则很快就会变成一张落满灰尘、捕不到一只飞虫的破网；你的人际关系网也经常需要检视、修补，做一些维护保养工作。

世界上的一切事物，都处于不断地运动、变化和发展之中。我们的社交关系网，如果不随着客观事物的变化而变化，就会逐步变得落后、陈旧与僵死。一个合理的社交关系网，必须是能够进行自我调节的动态结构。动态原则反映了社交结构在发展变化过程中的前后联系上的客观要求。

所以，你要不断检查、修补关系网。在生活中，常见的调节社交结构的情况一般有下列三种。

一是奋斗目标的变化。也许你的奋斗目标已经实现，或者奋斗目标未实现但已经改变了，比如弃政从商吧，这就需要及时调节社交的结构，以便为新的目标有效地服务。

二是由于生活环境的变动。在当今这样的信息社会，人口流动性空前加快。例如，本来在北京工作的你突然到了南京就业。这种环境变动，势必引起社交结构的变化。

三是人际关系的断裂。回想一下我们的过去，或多或少总有一些朋友因为出国或其他原因，和我们日渐疏远，直至无疾而终。这种关系的消失，有时我们甚至不知道具体是什么原因。知道原因的，也未必能挽回的了。

可见，调节社交结构有被动调节和主动调节两种，不管是何种调节，都要求我们能迅速适应新的社交结构。为此，年轻人在编织人际关系网时，要努力为自己编织一张可以进行新陈代谢的开放性社交结构。这也许有点烦琐，但回报给你的是永远结实好用的人际关系网。

如何克服社交恐惧症

社交恐惧症又称见人恐惧症，是恐惧症中最常见的一种，约占恐惧症病人的一半左右。表现为怕与人见面、谈话，见人就紧张，面红耳赤，颤抖，因之常独居屋内避不见人。

如果他人是一个朋友、合作伙伴或陌生人，那是用不着害怕的；如果他人是一个考官，拥有评判、打分甚至决定命运的特权，就会让人觉得害怕。社交恐惧症患者显然是把别人当成考官了。中国人爱面子，他人都是考官，因为人人都有权力评判别人，个人的行为往往会被他人的评判所左右。

奇怪的是，社交恐惧症患者最怕的人是高官和美女。高官代表权力，美女代表性。当然，官不一定要多高，只要社会地位高于患者，就会让人觉得害怕。有一位患者说自己怕所有的人，问他婴儿怕不怕，他说不怕；问他三岁孩子怕不怕，他也说不怕。原来，只要年龄和他差不多或比他大，他就怕。中国人喜欢论资排辈，年龄也是一种权力。

怕美女的性质有所不同，一般都是对美女有非分之想，又觉得这种想法不现实，"癞蛤蟆想吃天鹅肉"，想把这种想法压下去，心理专家称，社交恐惧症是一种心理疾病，其病因很多，多数患者是源于心理上的不自信。据介绍，一些患者因家庭背景或自身有某些缺陷，从而产生自卑心理。有的人曾遭到别人的嘲笑，自尊心受到打击，心理上开始拒绝与外界沟通。久而久之，形成了社交恐惧症。专家提醒，治疗社交恐惧症应从树立自信心做起，重新唤起患者对自我的肯定和认识，如果病情较重，可用适量药物治疗，以此来消除心理紧张和缓解生理不适，帮助患者以健康、积极的心态面对人生。

生活当中，你不可避免地要与各种各样的人打交道。特别是那些身处职场的年轻人，社交是展示风采的重要方面，可能需要和重要人物交谈，在公众场合发表你的观点，出现在谈判、酒会、晚宴等各种社交场所。但是，你总是不由自主地退却，或硬着头皮去了，却因表现失态而让好机会白白溜走。你懊恼、后悔，可当下一个机会出现的时候，你又开始胆怯、犹豫、心慌、手颤，久而久之，自信心在一次次窘态中消耗殆尽。

日本人把社交恐惧症称作"恐人症"，真是太贴切了。不要小看了社交恐惧症.社交恐惧症已是继抑郁症和酗酒之后排名第三的心理疾病，这可能是因为现代人面临的生存压力越来越大，特别是网络时代的来临，为人们带来了新的社交领域，若长期沉溺于网络上虚拟社会的社交活动，则会减弱与真实社会中人与人的直接交流的社交技巧。

美国著名精神病学教授戴维·西汉先生认为，社交恐惧症和心理、生理两方面的因素有关。其中，以心理因素最为常见。比如，从小性格受到压抑，害怕被别人拒绝，非常自卑，都可以导致一个人产生社交焦虑症。

过于沉湎于网络的人，也容易产生社交恐惧症。人是群居的动物，生存与发展都离不开与现实和社会的直接接触。一味地依赖网络，就没有机会在直接接触中培养和训练自己处理现实事务的能力，能力的下降进而会引发对现实生活的惧怕与退缩心理。网络其实就像人类发明了飞机就可以乘飞机旅行一样，是一个很好的工具。不过，假如一个人乘上"飞机"就再也不肯"降落"，那么他就有可能遇到越来越多的问题

对于那些具有社交恐惧症的人，编者的建议是火速寻求专业心理医生的指点。对于那些轻度的社交恐惧者，不妨先自我诊断一番。如果是沉溺于网络，那就得戒除网瘾了。如果是心态上的不自信，就努力多给自己一些自信。

社交强迫症的成因和改善方法

每天，一到下班时间就急着联系饭局或聚会，热衷在社交场合表现自

己，一旦没有社交活动就感到寂寞、恐慌、焦虑不安……目前，不少都市年轻白领染上了这种"怪病"，心理学家称之为"社交强迫症"。

张阳是广州一家颇有影响力的媒体的记者，他工作之外的生活很丰富，不停地喝茶、泡吧或者参加一些聚会，希望借此多交一些朋友，获得更多的第一手信息。张阳说自己虽然很累，但就是无法停止社交活动，如果有几天没有和朋友泡吧或者参加聚会，就会焦虑、失落，觉得自己没有努力工作和生活，是一种堕落的行为，内心就会充满自责。

据专家透露，近年来，像张阳这样患上"社交强迫症"的白领正日益增加。结识新人、扩大人脉网络，是职场精英社交生活的主要目的之一。这些人年龄多在30岁前，从事的工作多比较体面。他们对社交、人情等产生了一定程度的依赖。"30岁之前，我把积累人脉资本作为最重要的任务，这是为以后铺路。"张阳说。

不放过任何场合扩展人脉，尽可能采用各种手段认识有用的人，"坚韧不拔"地反复打扰想结识的人。这种现象被认为是"社交强迫症"的表现。一些年轻人急于扩展自己的人脉，进而有了"社交强迫症"的种种表现。

易形成社交强迫症的有两种人，一种人是比较讲究人脉，为了职业的发展而进行社交，这种社交有很强的功利性，刚开始自我感觉不错，认为自己的生活很充实，但时间久了，形成一种习惯，就会很痛苦。这是一种社会现象，人们都在考虑怎样的生存方式更有利于自己的发展，社交成为他们改善自身发展条件的有效手段之一，人情在这时候也变得商业化了。

年轻人多结交朋友，本身没有错，但如果太过功利并太过频繁地进行社交，则只会招人反感。生活当中，很多有名望的人曾经遭遇过陌生人的"围追堵截"。

　　大连一家年产值近亿的民营企业总裁曾遭遇过这样的社交"骚扰"。一位年轻人以各种名义要求与他见面。起先，年轻人以谈保险合作为名要求见到该总裁，被拒绝后，他又屡次在这位总裁的停车位附近出现，在总裁上下车时过来搭话。再后来，他几乎每天上下班的时间都来到该公司的楼下，看见总裁的身影便冲过来要求认识。虽然这个人并无恶意，但的确让总裁不堪其扰。而这个年轻人如此走火入魔式的社交，起到的是反作用。

　　要克服社交强迫症，最重要的就是改变社交观念，建立少一点儿功利性质的"绿色"的社交圈。社交，也要给心一点儿休息的时间。一般来说，"绿色"的社交圈具备以下几个特色：真诚，没有真诚就没有可靠性，戴着面具做人总令人心生疲惫；互助，你对他人的真心帮助一定会换来他人日后对你的回报，使你在受困时不感到孤立无援，这才是社交圈的效用；分寸感，社交要有距离，要展示自己最好的一面，不要过多诉说自己的隐私。

　　其次，有社交强迫症的人，努力缓解一下职业压力，不要把工作当成一切。当你的大脑一天到晚都在想工作的时候，工作压力肯定就无所不在，这时，要分出一些时间给家庭、朋友、个人爱好，适当的娱乐是缓解压力的关键。

你的社交能力有多强

　　这是一份社交能力自测表，共包括30题，你可按照自己的符合程度进行打分。凡符合者打5分，基本符合者打4分，难以判断者打3分，基本不符合者打2分，完全不符合者打1分，最后统计总分。

　　（1）我上朋友家做客，首先要问有没有不熟悉的人出席，如有，我的热情就明显下降。（　　）

　　（2）我看见陌生人常常觉得无话可说。（　　）

（3）在陌生的异性面前，我常感到手足无措。（　）

（4）我不喜欢在大庭广众面前讲话。（　）

（5）我的文字表达能力远比口头表达能力强。（　）

（6）在公共场合讲话，我不敢看听众的眼睛。（　）

（7）我不喜欢广交朋友。（　）

（8）我的要好朋友很少。（　）

（9）我只喜欢与同我谈得拢的人接近。（　）

（10）到一个新环境，我可以接连好几天不讲话。（　）

（11）如果没有熟人在场，我感到很难找到彼此交谈的话题。（　）

（12）如果要在"主持会议"与"做会议记录"这两项工作中挑一样，我肯定是挑选后者。（　）

（13）参加一次新的集会，我不会结识多少人。（　）

（14）别人请我帮助而我无法满足对方要求时，我常感到很难对人开口。（　）

（15）是不得已，我决不求助于人，这倒不是我个性好强，而是感到很难对人开口。（　）

（16）我很少主动到同学、朋友家串门。（　）

（17）我不习惯和别人聊天。（　）

（18）领导、老师在场时，我讲话特别紧张。（　）

（19）我不善于说服人，尽管有时我觉得很有道理。（　）

（20）有人对我不友好时，我常常找不到恰当的对策。（　）

（21）我不知道怎样同嫉妒我的人相处。（　）

（22）我同别人的友谊发展，多数是别人采取主动态度。（　）

（23）我最怕在社交场合中碰到令人尴尬的事情。（　）

（24）我不善于赞美别人，感到很难把话说得自然亲切。（　）

（25）别人话中带刺揶揄我，除了生气外，我别无他法。（　）

（26）我最怕做接待工作，同陌生人打交道。（　）

（27）参加集会，我总是坐在熟人旁边。（   ）

（28）我的朋友都是同我年龄相仿的。（   ）

（29）我几乎没有异性朋友。（   ）

（30）我不喜欢与地位比我高的人交往，我感到这种交往很拘束，很不自由。（   ）

把你的得分相加即为本测验的总分。总分越高，社交能力就越弱；反之，总分越低，社交能力就越强。

如果你的总分大于120分，那么你的社交能力存在很大的问题。你不太善于交往或你不喜欢社交，社交对于你来说，是一件痛苦或害怕的事。你在社交场合，习惯于逃避、退缩，你对自己的社交能力没有自信，你还没有学会如何与别人尤其是陌生人打交道。为此，你要走出自我封闭的圈子，尝试去与人交往，不怕失败和尴尬，你会发现人际交往给你的许多乐趣和益处。

如果你的总分在91～119分之间，你的社交能力还有待进一步提高，你对人际交往还有些拘谨和尴尬。但你是可以改进的，如果你更大胆些，更多地注意培养自己的社交能力，那么你会从社交活动中得更大的快乐和成功。

如果你的总分在70～90分之间，你的社交能力尚可。

如果你的总分低于70分，那么，你是一个善于社交的人，你喜欢交往，能从社会交往中获得快乐和收获。你能与不同的人相处，能较快地适应环境。你的总分越低，你的社交能力就越强。

以上测验结果仅供参考。

第二章　顺畅的沟通从说话圆融开始

一个人有没有高超的社交能力，一定程度上体现在说话的水平上。说话圆融的人，能把一句原本并不十分中听的话说得让人觉得舒服。有一位著名企业的总裁，当他要属下到他办公室时，从来不说："请你到我的办公室来一趟！"而是讲："我在办公室等您！"

说话圆融，不仅仅使你与他人的沟通更加顺畅，还能给你带来融洽的人际关系。"良言一句三冬暖，恶语伤人六月寒"——怎样说、多说良言不出恶语，还真不只是个人的意愿问题，更涉及口才的高低。

有个人在社会场合中一言不发，哲学家狄奥佛拉斯塔对他说："如果你是一个傻瓜，那你的表现是最聪明的；如果你是一个聪明的人，那你的表现便是愚蠢的了。"年轻的朋友们，如果你不是那个聪明的傻瓜，请你注意别做一个愚蠢的聪明人。

用闲聊开启话题

闲聊，是我们社交中最为常见的一件事了。最常见的事，往往最容易被人忽略。有些人认为，人是因为无聊，所以闲聊，闲聊没什么讲究，想什么就说什么，说到哪儿就到哪儿。怀这种心态的人，很容易把闲聊变成无聊。

在看似不重要的闲聊当中，口才也发挥非常重要的作用。那些柴米油盐酱醋茶的"废话"，看似没有什么意义，但只要闲聊得投缘，就能拉近两个人之间的距离。人们通过闲聊，在轻松的气氛中加深彼此的了解，加固了情谊。人的一生当中，通过闲聊和朋友、和家人、和同事，说了99%的"废话"。正是这些"废话"，让我们和谐、和睦。

闲聊一般都是没有一个特定的话题，天马行空，可以由小孩吵架聊到美伊开战，可以从绣花针聊到原子弹。但是在寻找话题的时候，最好不要涉及政治与宗教信仰这两个主题，因为这类话题最容易引起激烈的争辩，而将原来的轻松场面一扫而空。最好谈一些小的、不重要的事情。

人们在闲聊这件事上最容易犯的错误，就是一见面就从对方所从事的工作谈起。我们总以为，和医生谈开刀、和运动员谈打球、和商人谈生意经"天经地义"的事。殊不知，他们一年到头做同样的事情，已经够烦的了，如果你在业余时间或休闲时间还谈及这类事情，很可能会让对方心烦气躁。美国前任总统肯尼迪最讨厌和别人谈政治，可是偏偏许多人都找他谈政治，还自以为此举可以讨好他。

那么，到底应该谈哪些事情呢？最好的办法，就是经常阅读报纸和一般性的杂志，以增加各方面的常识。不然，除了"你好吗？""今天天气不错啊！"之外，接下来你就不知道要聊些什么了。

闲聊中不要当无"聊"分子，无"聊"分子在交际中不受欢迎。而那些口才高手则善于打破沉默、谈笑风生、能带动会场气氛的人，走到哪里都会受到大家的欢迎。这种人不会让场面尴尬与沉默，他们懂得适时转变话题，让大家都有台阶下。

闲聊聊些什么呢？平时除了你所最关心、最感兴趣的问题之外，你要多储备一些和别人闲谈的资料。这些资料应轻松、有趣，容易引起别人的注意。

例如，买东西上当啦，语言上的误会啦，或是办事摆了个乌龙，等等，这一类的笑话多数人都爱听。如果把别人闹的笑话拿来讲，固然也可以得到同样的效果，但对于那个闹笑话的人就未免有点不敬。讲自己闹过的笑话，开开自己的玩笑，除能够博人一笑之外，还会使人觉得自己为人很随便，很容易相处。

惊险的故事也是一个不错的话题。特别是自己或朋友亲身经历的惊险故事，最能引起别人的注意。人们的生活常常不是一帆风顺的，每天大家照常吃饭、照常睡觉，可是忽然大祸临头，或是被迫到一个很远的地方，可能遭遇到很多危险……怎样应付这些不平常的局面，怎样机智地或是幸运地在间不容发的时候死里逃生，都是人们永远不会漠视的题材。

未婚女人喜欢谈美容与购物。已婚女人则更愿意谈儿童教育、夫妇之间怎样相处、亲友之间的交际应酬、家庭布置……

夏天谈游泳，冬天谈溜冰，其他如足球、羽毛球、篮球、乒乓球，都能引起人们普遍的兴趣。娱乐方面像盆栽、集邮、钓鱼、听唱片、看戏，什么地方可以吃到著名的食品，怎样安排假期的节目……这些都是一般人很感兴趣的话题。特别是有世界著名的音乐家、足球队前来表演的时候，或是有特别卖座的好戏、好影片上演的时候，这些更是热闹的闲谈资料。

轰动一时的社会新闻是不错的谈资：对"正龙拍虎"有什么看法？认为"兆山羡鬼"是否是鬼话？对"山寨版春晚"是否看好？等等新鲜的话题，是社交时很好的谈资。

用亲切的称呼打开对方的心理之门

美国房地产大亨德那鲁得·川普有一个绝招：只要是他看中的土地，无论地皮的主人如何拒绝，他都有办法成功地收购。

他的做法是在那些始终不肯出卖土地的大客户面前展示出冠有对方大名的大楼模型，说："如果你把土地卖给我，我就可以以你的名字命名，建筑一栋像样的高楼大厦。"

大楼刻着自己的名字——这个诱饵使得许多人都愿意将自己的土地卖给川普。

据说，当罗斯福总统的专用轿车被送到白宫时，造车工人也被介绍给总统。当总统兴高采烈地与前来参观的人们寒暄之际，这位生性腼腆的工人一直默默地站在一旁。最后，他们要离去时，罗斯福找到这位造车工人，叫出了他的名字，和他握手、致谢。当然，那位工人非常感动。

每个人都对自己生来就一直使用的名字非常熟悉，当被人以亲切的口吻称呼名字时，会觉得非常温馨；被称呼的次数越多会越高兴，并且对对方会产生好感。由此可见，亲切地称呼对方的名字，是打开厚厚的戒备心理之门的有效钥匙。

所以在交谈中可以多称呼对方的名字，比如可以说："××你认为是这样吗？"或许"×先生，您的意见是怎样呢？您所说的……"，等等。值得注意的是，对于长辈或领导，我们不能直称对方的姓名，以免引起对方不快。

以对方关心的层面为谈话主题

很多时候的话不投机，通常是因为大家都在自说自话，舍不得花一点儿心思去注意听别人在说什么。

我们来看一个例子——

小刘想买辆车，钱是由父母帮他支付，所以他在意的不是车子价钱的问题，而是车子的设计和颜色。

A公司的销售员来访，他不问小刘的喜好、需求，却说了一堆自以为打动人心的话："买这辆车绝对物有所值。燃料费可以省下50%，而且现在有低利息贷款，借贷非常划算，真是很省钱哦！"

这些都不是小刘在意的，他当然无动于衷。

B公司的销售员就完全不一样了。"您的肤色很健康，经常进行户外运动吗？"他不断地提出问题，让小刘说话。"原来是令尊付钱……那么，您很在意车子的外形设计吧？"他打开产品记录继续说，"这款车目前很热门，在对大学女学生的市场调查中，每次都在前三名以内，女孩子都希望男朋友开这种车。"

毋庸置疑，小刘决定买B公司的车。

B公司的销售员之所以赢得这笔交易，就在于他能一针见血地掌握住对方的兴趣所在和消费需求。

社交也是如此，光是自己不断地说话，是无法了解对方关心的问题的，所以让对方说话非常重要。

当然，不能只是漫不经心地倾听，除了用心之外，还要不时地插入一些话题询问。掌握主导权，一步一步地借题发挥，在询问过程中渐渐地了解对方关心的层面，而且以对方的层面为重点让话题继续进行。这样一来，对方就会饶富趣味地侃侃而谈，这是让谈话热烈的秘诀。

想建立良好人关系，就必须以对方为重点。自己想说的话先摆一边，以对方关心的层面为谈话主题吧！

善于倾听，更受欢迎

听人说话是社交场合一件很重要的事情，从某种意义上说，这也是一种礼貌，是对别人的一种尊重。而且，越是仔细听人说话，越能鼓励对方说得精彩动人、妙语如珠，同时你自己也获益匪浅。

所以，在别人说话的时候，静静地听着，不时加以回应，如点头或者微笑，在对方没有讲完以前不去打断他，这是一件非常受欢迎的事。

值得注意的是，你不能一边听，一边胡乱地去想别的心事，以至于把别人的话都漏掉了。你要真真正正地去听，把注意力放在对方的身上，抓住他的每一句、每一字甚至把握到他讲话时的态度神情。你最好能够在事后准确地复述出对方所讲过的话，连对方用什么语调，说话时做了些什么手势，你都能记得清清楚楚。

许多人误以为在听人说话的时候自己没有什么事做，所以总是不耐烦听别人讲，一定要别人停口，自己来讲才觉痛快。他们实在不知道一个人在听人说话的时候，其实是有许多事情可做的。

第一，谈话的目的是在于增进双方的了解，喜欢听别人说话，就是深入、细致地了解对方的重要手段。所以，我们在听人说话的时候，必须仔细地把握对方说话的内容和从他的声调、神态中流露出来的心情。有时，对方说得很清楚，听来就比较容易，有时，对方的话说得很不清楚，零乱或者含糊，曲折或者隐藏，这时听起来就需要很多工夫，要细心地一面听，一面加以分析、整理、揣摩、研究。

第二，在听人说话的时候，我们同时还可以有一段思考的时间，以便整理我们自己的思想，寻找恰当而明确的词句来表达我们自己的思想。

很会说话的人经常总是先倾听别人的说话，用微笑、点头、偶尔的问话鼓励别人畅所欲言，而他却静静地在听，到了一个相当的段落他才开口。当然他的三言两语却常常抓到要点，牢牢地抓住别人的注意力，深深地打动别人的心，很快就可以使人信服，顺利地解决很多问题。人们听了他的话之后心悦诚服，大有"听君一席话，胜读十年书"的感觉。

总之，在听的时候，你可以看，可以想，可以观察对方、了解对方，可以寻找恰当有力的字句，你可做的事情很多。照一般的情形来讲，如果两个人交谈，至少有一半的时间你可以静静地好好听；如果有10个人在一起谈话，那么，你就至少有9/10的时间在听。与其你打断别人的话，侵占别人应该说话的时间，不如你就让自己多听、多想、多准备，使自己的话虽然少，却句句有分量、有道理、有趣味，句句动听，句句精彩！

多肯定对方的观点

有些人很不讨人喜欢，不管走到哪里都令人讨厌，这些人通常在和别人沟通时，总是不断在否定对方所说的话。我们可以来看看以下的例子。

"你有车子吗？有吧？我还以为你没有呢。什么颜色？白色，那太没个性了，满街到处看得到白色的车子，你应该选个比较个性的颜色才好嘛。什么？自动排档车？那太危险了！才两个车门？这样进出多麻烦，后座的人很辛苦吧？"

听听这段话，车子每一样都被否定，有谁会不生气呢？但是，这却是很多人不知不觉中常犯的毛病。

如果换成另一种说法："白色的感觉明亮，很不错哦！自动排档车开起来很轻松，尤其是山坡路，开起来一定特别顺手吧？如果是这种车种的话，还是两车门比较轻便……"这样称赞一下人家，可以说是小事一桩，对方高兴，自己也达到了保有良好人际关系的目的，何乐而不为呢？

肯定对方、对方的家人、对方所拥有的一切，是建立良好人际关系的基本方法。

如果对方的意见和你的想法不同，也绝不要劈头就直接否定人家。如果对方说："人生还是金钱最重要。"就算你不同意，也可以婉转地回答："我也这么想。但是，应该也有一些例外吧……"先接受对方，听完对方的说明，再表明自己的主张，态度可以坚决，但是语气要尽量委婉。

人一旦被对方认同，就会在潜意识里觉得自己很重要，自然也就会对对方产生好感，也就愿意接受对方的意见。

有一点要注意，绝不能一味地肯定对方。如果有朋友在你面前抱怨他的女友实在不怎么样。你若傻傻地回答说："是呀，身材也不好！"虽然是附和了对方的意见，但对方心里其实可能是希望得到反驳，希望你称赞他的女友，结果却得到反面的回应，这样不只场面尴尬，想想两人的谈话还谈得下去吗？和人交谈千万不要只听表面上的话，要用心察觉对方的心思。

特别需要注意的是，不要随便否定自己觉得不好应付的人。因为一旦持这样的心态与人接触，我们就很容易被对方贴上负面的标签。

"那个人很阴沉，实在惹人厌！""他是个没有能力的人，不适合当朋友。""她很骄傲，我没办法喜欢她。"这些评语都只是对那个人的部分评价，而这样断章取义的判断只会破坏彼此关系。

其实，不管是什么人，必定有好的一面。如果能够这样深信，对方必定也会给予"YES"的信赖回应。

插话时要把握好分寸

许多年轻人过分相信自己的理解和判断能力，往往不等别人把话说完就中途插嘴，因此常发生错误。这种急躁的态度不仅会弄错说话意图，中途打断对方，也有失礼貌。

当然，在别人说话时一言不发也不好。对方说到关键的时刻，说完后你只看着对方而不说话，对方会感到很尴尬，他会以为没有说清楚而继续说下去。

人们常会轻率地问："刚才这个问题的意思，能说明白一点儿吗？"或者不经大脑就说："我不太了解刚才这个问题的意思。"这些话都不算得体，你不妨这样表示："据我听到的，你的意思是否是这样的……"

即使你真的没听懂，或听漏了一两句，也千万别在对方说话时突然提出问题，必须等到他把话说完，再提出："很抱歉！刚才中间有一两句你说的是……吗？"如果你是在对方谈话中间打断，问："等等，你刚才这句话能不能再重复一遍？"这样，会使对方有一种受到命令或指示的感觉。

俗话说："听人讲话，务必有始有终。"但是能做到这一点的人却不多。有些人往往因为不满意对方的意见而提出自己的见解，甚至当对方停顿时，抢着说："你要说的是不是这样……"由于你的插话，很可能打断了他的思路，要讲些什么他反而忘了。

中间打断对方的话题是没有礼貌的行为，有时会产生不必要的误会，说不定对方会想："那么你来讲好了。"一个精明而有礼貌的人与他人交谈，即使对方长篇大论地说个不休，也绝不会随意插嘴。

在宴会、生日舞会上，我们时常可以看到朋友正和另外一个不认识的人聊得起劲，此时，每个人都有加入的想法。但是，一方面你们不知道他们的话题是什么，而且你突然地加入，可能会令他们觉得不自然，也许因此而话题接不下去，会使场面气氛转为尴尬而无法收拾。

如果碰到这种情况，你最好等他们说完再过去找你的朋友，即使真有事必须当时告诉他，给他一些小动作的暗示，他就会找机会和你讲。

有一点要注意，不要静悄悄地站在他们身旁，好像在偷听一样。尽可能地找个适当机会，礼貌地说："对不起，我可以加入你们吗？"或者，大方、客气地打招呼，叫你的朋友介绍一下，就能很自然地打破这种僵局。千万不要打断他们的话题，也不要制造尴尬的气氛。

用相似语言博得好感

有位朋友想转换工作，到一家外商公司应征。通过笔试后，接着是面试。

"听说那家公司的主管很严格，要怎样办才好呢？我对自己一点儿信心也没有。"朋友向我问道。

"公司介绍本上不是都会刊登董事长及各级主管的照片吗？你也如法炮制吧，他们如果穿深蓝色西装配红色系领带的话，你也不妨照着这样的搭配穿着去面试。"

大约10天后，那位朋友很愉快地打电话来。"成功了！面试主管和我系相同的领带，我觉得他马上就接纳我了，而且我这个新工作的年薪比之前的还提高了二成，我太高兴了！"

我想我这位朋友成功的主要因素应该在于和对方"相似"，因为一般人对于和自己相似、有共同点的人往往会有种莫名的好感。请找一个和自己最亲近的朋友想一下，那个人是不是和你同年龄？是否属于相同学校或社团？趣味及喜好是否很相似？

英文的like是"喜欢"的意思，另外还有一个意义，就是"相似"。相似等于喜欢，放到人际关系中来讲，也就是"喜欢相似的人"。这个论点在美国NLP（神经语言系统）的学理上，已经得到证明。

简单地说，从服装、呼吸，到走路、姿势、说话方式，我们和亲近的朋友之间都有相似的地方。沉浸在爱河中的情侣们也都会很自然地摆出同样的姿势，当一个人将手交叉在后面时，另一个人也会有相同的举动出现，就好像在照镜子一般。长年生活在一起的夫妇，外表看起来很相似，也是同样的道理。

人际沟通中，不经意地模仿对方的动作，是博得对方好感的好方法。

"相似等于喜欢"的理论，同样可以应用在语言上。感情好的朋友，往往都会用相似的语言。反过来说，如果想要和对方变得亲近，就必须配合对方，使用和对方相似的语言。例如，和喜欢使用外文及流行语的人交往，自己也要下意识地使用外文和流行语；对方如果有特殊口音，虽然不需要全部用相同的口音说话，但也应尽可能以相似的腔调说话；面对说话速度快的人，讲话速度就要比平常快一点儿；对常使用专门用语的人，也要以同样的方法相待。

不要吝啬你的赞美

与人交往时，我们应该多赞扬对方的长处，适当地做一些自嘲，不能总是滔滔不绝地说自己的好处，而应多"捧捧"别人，他人自然也会与我们友好相处。如此，我们才会在朋友中备受欢迎，才能更广泛地扩充人际关系网。

有句老话说："休要长他人志气，灭自己威风。"所以，有些人在与别人交往时，总不忘拼命地抬高自己的身价，甚至通过诋毁、打击他人达到这个目的。总想以自己的长处来比别人的短处，显示自己的高贵，但效果恰得其反。创建人脉关系网有时却应反其道而行之：多增长一些他人的志气，压压自己的威风。

那如何才能增长他人的志气呢，夸奖赞赏是最好的一招了。夸赞就是宣传，是广告，很早以前就有了夸赞人家的办法，叫作互相标榜。但是所谓夸赞，绝不是瞎吹，也不是胡说，而要符合对方的实际情况。每个人都有所短，也各有所长，有些人只看见他人短处，看不见长处，把别人的短处看得很重大，把长处看得很平凡，所以往往有觉得欲夸赞而无可夸赞之处。其实我们认识到金无足赤，人无完人的道理，只要不盯着别人的短处，多看他的长处，可夸赞的地方多着呢！而且你夸赞一个人，并没有欺骗大众，只是使大家注意到他的长处，也使他因受到大众的注意，而格外爱惜自己的长处，从而努力养成比目前更为优越的长处。

夸赞也有方法。当某人的面前夸赞他的效果不如当着大众来夸赞他，等于把他的长处做一次义务宣传，他一定非常高兴。只要夸赞得不过火，大众也不会觉得你在有意的夸赞。或者在某人的背后，表扬他的长处，以几件具体的事实，略加几分渲染，使听到的人，对于此人产生良好印象，事后再传到他的耳朵里，这要比当面夸赞他更是有力。一有机会，他也会还敬你，把你夸赞一场。俗语说："有钱难买背后好。"足见重视背后夸赞是人之常情，如你会写文章，一有机会就把某甲的长处作为你文章的实例，说出他的真实姓名，你的文章，如有100人读，就是向100个人夸奖他。被你夸奖的人会是多么高兴，多么得意，对你的感情，也一定会大有长进。联络感情，原不是一件容易的事，用夸赞来联络感情，是最简单最有效的方法，而且就道德论，还正与古人扬善之旨相吻合。

从前也有人以不轻易赞许别人为正直的表示，其实其人正直与否是关键的问题。一些人眼界清高胸襟狭窄，他自己必不十分得意，因为不得意，对于一般人多少有些妒忌仇视的成分，所以越发不肯轻易赞许别人了。有的年轻人不肯夸赞人，第一是误认为夸赞人就是谄媚，有损自己的人格；第二是自视清高，觉得一般人都比不上他；第三是怕别人胜过了自己，弄得相形见绌。如果能够摒弃这种不健康的心理，而用心研究如何夸赞人的方法，必然能领略到其中的好处。因此，在丰富自己人际关系网的过程中，学会夸赞别人是十分必要的，不要吝啬你的赞美之词，掌握一定的技巧，那么你一定能大受别人的欢迎，你的人际关系网一定会大大扩充。相反，如果自命清高，故步自封，那无异于自断人脉。

多一些道谢和道歉

　　"早安""不客气""抱歉""欢迎"这些看似平常的话，在人际互动中却占有相当重要的地位。还有见面时的礼节、握手寒暄的方式、递名片及奉茶的方式等，这些都是不可忽视的。

　　有两句话更为重要，在不同时间、地点，不同对象，都随时随地可使用，时常挂在嘴边还能增进人际关系。就是"谢谢""对不起"！

　　如何道谢？有两个重点。

　　第一，就算是小事一桩，也必须表示感谢。如果对方给了你一笔大生意或一次很大的援助，这种时候的"谢谢"，对方不会有太强烈的印象。但是，如果是请对方喝杯茶这种小事，却得到对方一句真诚的"谢谢"，那感受一定会很不一样。这种对小事表达的感谢之意，并非对方事先所期待，反而更能令人留下强烈的印象。

　　还有一点就是，虽然未曾从别人那里获得任何好处，也要说声谢谢。当对方仔细聆听自己说的话时，请发自内心地说声"谢谢"。即使是顾客的抱怨电话，在挂断时也要感谢地说："非常谢谢您宝贵的意见。"

　　不管是谁，其实都希望被人感谢，而且也会对感谢自己的人抱持好感。一般而言，被人认真且正式地表达谢意时，心中往往会自然而然地兴起一股欣悦之感，不管是个性多么恶劣的上司，或是态度非常差劲的顾客，一经别人道谢，心情就算再不愉快，也会按捺下怒气来。

所以，请从现在开始，习惯以"谢谢"作为结语。一句发自内心的"谢谢"，是为人处世中不需劳心劳力的最大服务。

能力强、地位高的人，更应该常常说"谢谢"。因为通常这些人很容易成为被嫉妒、被陷害的对象，当具有某些能力、地位时，更需要将"谢谢"挂在嘴边，这样一来，朋友更会聚拢过来，人际关系也将更良好。

我们在与人交往时，难免说错话、做错事，人非圣贤，孰能无过？如果我们能及时说声"对不起"，真诚地向对方道歉，往往能把大事化小，小事化了。

日常生活中，需要道歉的事情很多，大到不小心损坏了别人的重要物品，或者出言不逊伤了别人的自尊心；小到打断了别人的谈话，干扰了别人的工作，约会迟到了，公共汽车上踩了人家的脚，等等，这都是难免的。问题就在于有没有勇气，有没有诚心向对方道歉。真正的道歉不只是认错，而是承认自己的言行给对方带来了伤害或损失。

向别人道歉时，除了要有诚意外，还须讲究一定的技巧和方法，避免不必要的争吵和冲突。那么，怎样向人道歉才能达到预期的目的呢？

1. 立即道歉

时间拖得越久就越难以启齿，有时甚至追悔莫及，所以，在发现自己的过错时，立即向对方说声"对不起"，这才是道歉的最佳时机。

2. 采用多种方式表达你的歉意

如果你的道歉一时还未能熄灭对方的怒火，那么不妨想点儿其他办法，让对方知道你有悔过的诚意。比如，托人送件小礼物，间接帮助对方解决某些困难，或者写封信打个电话等。

3. 语气要诚恳，态度要自然

有些人知道自己的过错，也有心向别人道歉，但说话语气让别人听来显得不诚恳、态度傲慢。诸如冲着别人说："对不起，噢！""我说对不起你还不行吗？"这样的道歉不仅不能让对方接受，相反还会引起对方的反感。因此说"对不起"时，要面带微笑，语气低缓，使人感觉到你是真心悔过。有时在"对不起""抱歉"前面再加上"很""非常""实在""太"等表示加强的词语，更能体现你的诚心。

4. 主动承担责任

在道歉时，要主动承担错误的责任，说明引起错误的原因，但绝不能找借口或者把责任推卸给对方，即使自己只有部分责任，也要主动承担。主动为自己的行为承担责任，会鼓励对方也承担属于他自己的那部分责任。

说什么话要因人而异

美国前总统里根像绝大多数演员和政治家一样，老早就滋长了一种博人喜爱的欲望。他用精心安排的幽默语言点缀他的演讲，以赢得特定观众的尊重。

对农民发表演说时，里根说了这样一件事来讨好他的听众：

一位农民得到一块业已干涸的小河谷。这片荒地覆盖着石块，杂草丛生，到处坑坑洼洼，他每天去那里辛勤耕耘，不断劳作，最后荒地变成了田园，为此他深感骄傲和幸福。某个星期日的早晨，他操劳一番后前去邀请部长先生，问他是否乐意看看他的田园。

那位部长来了，视察一番。他看到瓜果累累，就说："呀，上帝肯定为这片土地祝福了！"

他看到玉米丰收，又说："哎呀！上帝确实为这些玉米祝福过。"接着又说："天哪！上帝和你在这块土地上竟取得了这么大的成绩呀！"

这位农民禁不住说："尊敬的先生，我真希望你能看到上帝独自管理这片土地时，它是什么模样。"

里根迎合少数民族的手法就像他迎合不同阶层的人民那样变化多端，富有吸引力。在向一群意大利血统的美国人讲话时，他说："每当我想到意大利的家庭时，我总是想起温暖的厨房，以及更为温暖的爱。有这么一家人住在一套稍嫌狭小的公寓里，他们决定迁到乡下一座大房子里去。一位朋友问这家中12岁的儿子托尼：'喜欢你的新居吗？'孩子回答说：'我们非常喜欢，我有了自己的房间。我的兄弟也有了他自己的房间。我的姐妹们都有了自己的房间。只是可怜的妈妈，她还是和爸爸住一个房间'"。

里根总统访问加拿大，在一座城市发表演说。在演说过程中，有一群举行反美示威的人不时地打断他的演说，明显地显示出反美情绪。里根是作为客人到加拿大访问的，作为加拿大的总理，皮埃尔·特鲁多为这种无理的举动感到非常尴尬。面对这种困境，里根反而面带笑容地对他说："这种情况在美国是经常发生的。我想这些人一定是特意从美国来到贵国的。可能他们想使我有一种宾至如归的感觉。"听到这话，尴尬的特鲁多禁不住笑了。

我国有句谚语说："到什么山唱什么歌，见什么人说什么话。"看来远隔重洋的里根是深谙此道的，所以在政坛上才能够左右逢源，大出风头。

见什么人说什么话，因人而异是非常必要的。在一般情况下，运用因人而异要考虑以下几个方面。

根据性别的差异。对男性，需要采取较强有力的劝说语言；对女性，则可以温和一些。

根据年龄的差异。对年轻人，应采用煽动的语言；对中年人，应讲明利害，供他们斟酌；对老年人，应以商量的口吻，尽量表示尊重。

根据地域的差异。对于生活在不同地域的人，所采用的劝说方式也应有所差别。比如，对于我国北方人，可采用粗犷的态度；对于南方人，则应细腻一些。

根据职业的差异。不论遇到从事何种职业的人，都要运用与对方所掌握的专业知识关联较紧的语言与之交谈，对方对你的信任感就会大大增强。

根据性格的差异。若对方性格直爽，便可以单刀直入；若对方性格迟缓，则要把握"慢工出细活"的原则。

交谈中不同性格的人如何应对

在人际沟通中，如果你稍微留心一下，就可以把人们分成三种：爱说话的人、爱听不爱说的人、不爱说也不爱听的人。

下面我们具体讨论如何应对这三种人。

1. 应对爱说话的人

这种人最容易应对，你只要用一两句话引导他，他便会一直说下去。对这种人，你要有足够的忍耐功夫，不管他说得怎样，你都要耐心地听着，那么他就会非常高兴；哪怕你一句话不说，他也会以你为知音。

2. 应对爱听不爱说的人

这种人就比较难应付了。他虽生性不爱说话，却十分喜欢听别人说话。你要不说，这局面就难以维持下去，那么你就得小心了。

你可以由头说到尾，但你要牢记，你是说给对方听，不是说给自己听；不在于只图自己痛快，必须顾全到对方的兴趣。你要为听者着想。第一你要先探出对方有没有兴趣（用几个回合的问答就可以探出来了），然后选择有兴趣的话题谈下去。一般人愿意听你的谈话，大多因为你有某种值得听的东西：或由于你刚从外地带回来很多消息，或由于你的某些经验值得学习，或由于你知道了一些特殊的新闻，或由于你对某一问题具有独特的见解……所以他才愿意耐心听你说。

有一点要注意，说一个题材时要适可而止，不可拖长，否则仍会令人疲倦。说完一个题材之后，就要另找新鲜题材，如此才能把对方的兴致维持下去。

其次是在交谈当中，你必须时常找机会诱导对方说话。说到某一部分征求他的见解，或谈到某个问题时请他发表自己的意见等，要使对方不至于呆听。

3. 应对不爱说也不爱听的人

这种人通常坐在客厅的一个角落里，抽着香烟。当偶然听见别的人哄然的笑声时，他也照例地跟着笑，但这笑显然是敷衍的，因为笑容随即收敛，他的眼光已经移到窗外或是墙上的另一张字画上去了。

这是最难应付的一种人。要是在别人的家里遇到，或在宴会里刚巧他坐在你身边，那你就不能不想办法应对了。

为什么这种人如此落落寡合呢？大概有两种原因。

第一，他可能是在一伙人当中年纪较大或较小，或学问兴趣不合；谈天说地，问题无非是饮食男女，可能会言语粗俗、言不及义，使比较有修养的人望而却步，所以他才独自躲坐一角。只要你知道症结所在，应付是不难的。你可以从几句问句中探明他的兴趣是什么，然后和他谈论下去。他见你谈吐不俗，一定会以你为知己，如此一来，僵局就打开了。

第二，他的思想并非特别高深，不过生来有点怪僻，与人难合。你用几句话探出其原因后，就可以采取另外的一种方法去应付他。

"贝克汉姆近来技术不行了！"比方你知道他对足球颇有兴趣，这一句是很好的激将法，因为10个足球迷中有9个拥戴贝克汉姆。如此一来，他必不肯善罢甘休，你当然要在后来表示屈服，不过在战略上你已经胜利了。

这种激将法同样可用在对付学问高超但生性却古怪的学者身上。"如果要提高中学生的语文水准，一定要加强文言文的教育。"对于一个提倡白话文的学者，这句话是不能忍受的。于是，你的目的又达到了。

在任何场合中，遇到任何人，谈话的方法是先要成竹在胸，以备随机应变。

话出口前要字斟句酌

说话是指将字、词组合成一定意义的句子，通过声音传递给对方，但是"话"的实体还是字眼本身，下面论述遣词用句的几个原则。

1. 说话要越简洁越好

有些人叙述一件事情，为了卖弄才华，极力地修饰他们的语句。用重复的形容词，或学西方语言独有的倒装句法，或穿插些歇后语、俏皮话，或引用经典、名人语录，使别人往往摸不清他在说些什么。

有人费了很大的精神，却使人抓不住话中要表达的重点，纵使文辞再瑰丽也不足取，这是说话与写文章的不同之处；有人在说话时东拉西扯，缺少组织和系统，也使人有不知所云的感觉。如果你犯了这些毛病，只要在说话时记住要说得简洁扼要就行了。在话未说出口前先打好一个腹稿，然后再按照秩序一一说出来。

幽默大师林语堂曾戏称：演讲要像女人的裙子，越短越好。不仅演讲如此，说话也是一样，简洁的话语常能让人有意犹未尽、余音绕梁之感。冗长乏味的说话不但无趣，还会让人觉得像老太婆的裹脚布，又臭又长、啰啰唆唆，使听者昏昏欲睡。

2. 句子不要重叠使用

有些人会说"为什么？为什么？"答应别人一件事，说一个、最多两个"好"字已经够了，但有些人却说"好好好好……"或是说"再见再见"。其实重叠句子只在特别引人注意或加强力量时才用得着。

3. 同样的词不可用得太多

有一个人解释月球上不可能有生物存在这个问题时，在几分钟内把"从科学上的观点来说"一语运用了二三十次，无论什么新奇可喜的名词，多用便会失去它动人的价值。王尔德说："第一次用花来比喻女人的人是最聪明的人，第二次再用的人便是愚蠢了。"人谁不喜欢新鲜，我们虽不必拘泥王尔德所说的那样，每说一事就要创造一个新名词，但把一个名词在同一时期中过多地重复使用，是会使人厌倦的。

此外，同一个的形容词不可在同时用来形容不同的对象，比如有一位幼儿园教师说故事，说到公主，她说："这公主是很美丽的。"说到太阳，她也说："这太阳是很美丽的。"此外，说到水池、小羊、绿草及远山等，也都用"美丽的"三个字来形容。她为什么不用"可爱的""柔嫩的""光亮的"等词来调整一下呢？这不是更能激发学生的兴趣吗？

4. 要避免口头禅

当一句话成为你的口头禅时，你就很容易被它束缚，以致无论你想说些什么，也不管是否适用，这句话都会脱口而出。此种毛病很容易使人窃笑，你可能爱说"岂有此理"，也许爱说"绝对的"，也许爱说"没问题的"，这些和你所表达的意义毫不配合的口头禅，还是极力避免吧。

更不要说那些粗陋不雅的字眼。古人云：字为文章的衣冠。我们说：语言为个人学问品格的衣冠。

有的人道貌岸然、雍容华贵，不开口说话还好，一开口则满口粗俗话，甚至一些下流话也出了口，使人听了作呕，敬慕之心顿然全消。可惜的是，有些人并非学识品格不好，不过是疏忽大意、不知改正而已。

有些学生在学校里常说口头语，像"盖""菜""酷"等，这些话在他们的圈子里很流行，可是在外面就不用为宜。别人听不懂时，会认为你浅薄和轻佻。

你可以用幽默有趣的话来表现你的聪明、活泼和风趣，但不可用低级的话来表现，一句不中听的话，会使别人批评你卑劣、轻佻和无知。

粗俗的字句不可用，同样太深奥的名词也不可多用，除非你是在和学者讨论学术上的问题。满口新名词，像"形而上学""第八艺术"、"一元的，二元的"等名词，即使用得其当，也是不大好的。随便滥用学术上的名词，听不懂的人不知道你在说什么，而且会以为你有意在他面前炫耀你的才学；听得懂的人则觉得你近乎浅薄。

避免说容易让人误解的话

纵然只是一句玩笑话，若造成对方的误解，恐怕也会导致意想不到的不快；甚至是一句安慰、犒劳的话，如果对方接受的方式不同，也可能变成误解。因此，在说话之前，一定要考虑对方的状况以及接受的态度。

那么，怎样才能尽量使自己的话不被别人误解呢？

1. 不要随意省略主语

根据现代语法，在一些特殊的语境中是可以省略主语的。但这必须是在交谈双方都明白的基础上，否则随意省略主语，容易造成误解。

一个星期天的上午，在一家商店，一个男青年正在急急忙忙地挑帽子，售货员拿了一顶给他。他试了试说："大，大。"

售货员一连给他换了四五种型号的帽子，他都嚷着："大，大。"

售货员生气了："分明是小，你为什么还说大？"

这青年结结巴巴地说："头，头，我说的是头大。"

售货员狠狠地瞪了他一眼，旁边的顾客"扑哧"一声笑了。造成这种狼狈结局的原因就是这位年轻人省略了他陈述的主语"头"。

2. 要注意同音词的使用

同音词就是语音相同而意义不同的词。在口语表达中脱离了字形，所以同音词用得不当就很容易产生误解。如"期终考试"就容易误解为"期中考试"，所以这时，不如把"期终"改为"期末"，就不会造成误解了。

3. 少用文言词和方言词

在与人交谈中，除非有特殊的需要，一般不要用文言词。文言过多使用，容易造成对方的误解，不利于感情的交流和思想的表达。

有这样一个故事：有个小伙子，年过30岁仍没娶妻，他母亲非常着急。后来别人给他介绍了一位姑娘，几天后，他写信告诉母亲："女方爽约"。母亲非常高兴，认为约会是爽快的，逢人就讲儿子有对象了。一年后，母亲要求见见姑娘，儿子才把"爽约"解释清楚。母亲连连责怪儿子话没说清楚，耽误了时间，小伙子也后悔莫及。如果小伙子当初把"爽"字改为"失"字，或许早就有妻子了。

4. 说话时要注意适当的停顿

书面语要借助标点把句子断开，以使内容更加具体、准确。在口语中我们常常借助的是停顿，有效地运用停顿可以使你的话明白、动听，减少误解。有些人说起话来速度很快，特别是在激动的时候就不注意停顿了。

有一次下班途中，一位青年遇到一群刚看完电视球赛的学生，就问："这场比赛谁赢了？"

有一个学生兴奋地说："中国队大败韩国队获得冠军。"

这位青年迷惑了：到底是中国队大败了韩国队，还是韩国队获得了冠军呢？他又问了另一位学生，才知道是中国队胜了。

我们在与人交谈时，一定要注意语句的停顿，使人明白、轻松地听懂你的话。

管好嘴巴对别人是一种尊重

在现实中，正人君子有之，奸佞小人有之；既有坦途，也有暗礁。一个人如果不注意说话的内容、分寸、方式和对象，不把好自己的"嘴门关"，往往容易招惹是非，授人以柄。因此，说话小心些，为人谨慎些，使自己置身于进可攻、退可守的有利位置，牢牢地把握人生的主动权，无疑是有益的。一个信口开河、喋喋不休的人，会显得浅薄俗气、缺乏涵养而不受欢迎。

你有得意的事，就该与得意的人谈；你有失意的事，应该和失意的人谈。说话时一定要掌握好时机和火候，不然的话，一定会碰一鼻子灰，不但目的达不到，而遭冷遇、受申斥也是意料中的事。说话随便的害处是非常多的。有些奸佞小人，巧妙地利用了别人在说话时机、场合上的失误，拿来当枪使，以达到损人利己的目的。

有句老话叫作"祸从口出"，为人处世一定要把好"嘴门关"，什么话能说，什么话不能说，什么话可信，什么话不可信，都要在脑子里多绕几个弯子。害人之心不可有，防人之心不可无。一旦中了小人的圈套，为其利用，后悔就来不及了！

每个人都有自己的秘密，都有一些压在心里不愿为人知的事情。同事之间，哪怕感情不错，也不要随便把你的事情、你的秘密告诉对方。

你的秘密可能是私事，也可能与公司的事有关。如果你无意之中说给了同事，很快，这些秘密就不再是秘密了。它会成为公司上下人人皆知的故事。这样对你极为不利，至少会让同事对你产生一点儿"疑问"，而对你的形象造成伤害。

还有，一旦把你的秘密告诉一个别有用心的人，他虽然不可能在公司进行传播，但在关键时刻，他会拿出你的秘密作为武器回击你，使你在竞争中失败。这个把柄若让人抓住，你的竞争力就会大大地削弱了。

身为某公司总经理的查尔斯先生说过："之所以要讲究说话的技巧，是因为许多人常常不假思索就信口开河，因而导致种种不良的后果。"他还说："为了达到目的，说话时必须力求简单明了而且有说服力。但最重要的是该说则说，不该说则不说，不了解的事就不该说，甚至突然想起的话题也应该尽量避免向朋友提及。"

有的人口齿伶俐,在交际场上口若悬河、滔滔不绝,但是,假若口无遮拦,说错了话,说漏了嘴,也是很难补救的,所以说话应讲究忌口。否则,若因言行不慎而让别人下不了台,或把事情搞糟,是不礼貌的,也是不明智的。因此,在与人交谈时必须注意以下几点。

1. 不要探问别人的隐私

热衷于打听别人隐私的人是令人讨厌的。在西方人的应酬中,探问女士的年龄被看成是最不礼貌的习惯之一,所以西方人在日常应酬中可以对女士毫无顾忌地大加赞赏,却不去过问对方的年龄。

人们似乎都有一大爱好,那就是特别注意他人的隐私,尤其是名人的隐私。在与人交往中,为了避免引起别人的不快,一定要避免探问对方的隐私。你打算向对方提出某个问题的时候,最好是先在脑中过一遍,看这个问题是否会涉及对方的个人隐私,如果涉及了,要尽可能地避免,这样对方不仅会乐于接受你,还会因你在应酬中得体的问话与轻松的交谈而对你留下好的印象,为继续交往打下良好的基础。

具体来说,在日常应酬中涉及隐私的主要有以下几个方面:

· 女士的年龄;

· 工作情况及经济收入;

· 家庭内务及存款;

· 夫妻感情;

· 身体(疾病)情况;

· 私生活;

· 不愿公开的工作计划;

· 不愿意为人所知的隐私。

2. 不能当众揭对方的隐私和错处

有人喜欢当众谈及对方的隐私、错处。心理学研究表明:谁都不愿把自己的错处或隐私在公众面前曝光，一旦被人曝光，就会感到难堪而恼怒。因此在交往中，如果不是为了某种特殊需要，一般应尽量避免接触这些敏感区，以免使对方当众出丑。必要时可采用委婉的话暗示你已知道他的错处或隐私，让他感到有压力而不得不改正。知趣的、会权衡的人只需"点到即止"，一般会因顾全自己的脸面而悄悄收场。当面揭短，让对方出了丑，说不定对方会恼羞成怒，或者干脆耍赖，出现很难堪的局面。

3. 不能故意渲染和张扬对方的失误

在交际场上，人们常会碰到这类情况，当人们讲了一句外行话，念错了一个字，搞错了一个人的名字，被人抢白了两句等情形，这种情况下，当事人本已十分尴尬，生怕更多的人知道。一般来说，只要这种失误无关大局，作为知情人的你就不必大加张扬，故意搞得人人皆知，更不要抱着幸灾乐祸的态度，以为"这下可抓住你的笑柄啦"，小题大做，拿人家的失误做取笑的笑料。因为这样做会伤害对方的自尊心，你将结下怨敌。同时，也有损于你自己的社交形象，人们会认为你刻薄饶舌，会对你反感、有戒心，敬而远之。所以，渲染他人的失误，实在是一件损人而不利己的事。

4. 要给对方留点儿余地

在社交中，有时遇到一些竞争性的文体活动，比如，下棋、乒乓球赛等。尽管只是一些娱乐活动，但人因竞争心理总是希望成为胜利者。一些棋迷、球迷就更是如此。有经验的社交者，在自己取胜把握比较大的情况下，往往会适当地给对方留点面子。尤其在对方是老人、长辈的情况下，你若穷追不舍，让他狼狈不堪，有时还可能引起意想不到的后果，让你无法收拾。其实，只要不是正式比赛，作为交流感情、增进友谊的文体活动，又何必酿成不愉快的局面呢？在其他的事情上也一样，集体活动中，你固然多才多艺，但也要给别人一点儿表现自己的机会；你即使足智多谋，也不妨再征求一下别人的意见。"一言堂""独风流"是不利于社交的。

5. 不宜过早说深交话

在交往中，我们有时结识了新朋友，即使你对他有一定好感，但毕竟是初交，缺乏更深切的、本能性的了解，你不宜过早与对方讲深交、讨好的话，包括不要轻易为对方出主意，因为这很可能会导致"出力不讨好"。如果对方若实行你的主意却行不通，他则可能以为你在捉弄他；即使行之有效，他也不一定会感激你。除非是好友，否则不宜说深交的话。

6. 不能强人所难

有些事情，对方认为不能做，而你认为应该做；对于某事，你箭在弦上，不得不发，而对方却认为不该做或做不了。这时你不要把自己的意见强加给对方。强人所难，是不礼貌、不明智的。

7. 不能不看时机

有的人说话时旁若无人、滔滔不绝，不看别人脸色，不看时机场合，只管满足自己的表现欲，这是修养差的表现。说话应注意对方的反应，不断调整自己的情绪和讲话内容，使谈话更有意思、更为融洽。

交谈时注意调节自己的声音

当你与别人进行沟通的时候，是否曾经留心过自己的声音呢？你的声音怎样？这是一个必须注意的问题。但这并非是苛求你的声音要如同电台播音员那样美妙动听。

嗓音的高低、清浊，人人不同，这与人的身体有关系。身体强健的人，多半会有一个清脆嘹亮的声音。不过嗓音是次要的问题，并不是决定你说话清楚与否的关键。重要的是以下两点。

1. 说话速度是否太快

我们常见许多人说话很快，有的快而清楚，有的快而不清楚，听了以后也不知所云。由于说话太快致使咬字不清，固不足道；即使是说话快而清楚，也不足为法。你虽有说话很快的本领，但听者不一定有听得"快"的本事。说话的目的在于使人全部都了解，否则就是费话。训练你自己，说话时声音要清楚，快慢合宜。说一句，人家就听懂一句，不必再问你。

你要明白，陌生的人或地位比你低的人是不大敢一再请你重说一遍的。

2. 说话声音是否太高

在火车里、在嘈杂的公共场所中或者在别人放爆竹的时候，提高声音说话是不得已的，但绝不适合于平时。试想在一个柔和的黄昏，或在舒适的室内，高声说话是多么粗俗与煞风景啊！在客厅里，过高的声音会使主人厌恶；要是在公共场合，更会令你的同伴感到难堪。除非对方重听，否则，你说话时要记着：对方不是聋子。

诚然，说话时绝对不可太快或太响，你要明白的是不可每个句子都说得太快太响，而是要懂得怎样调节。

抑扬顿挫，这是调节你声音大小强弱的方式。在乐曲里，不是有极快、快、略快、慢、略慢和最慢等的快慢符号吗？不是也有极强、强、渐弱等强弱符号吗？如果你想使自己所说的话也像音乐一般动听，不可忘记在应快时要快，应高时要高，应慢时要慢，应低沉时低沉。流水般毫无抑扬顿挫的说话方法，是最易使听者疲倦的。

常常留心电视上那些演技精湛的演员，他们说话的神态是你最好的榜样。你必须细细揣摩，这对你叙述一件事情的经过或发表较详细的意见是很有用的。

注意自己的言谈举止和表情

一位心理学家指出：无声语言所显示的意义要比有声语言多得多，而且深刻。他还对此列出了一个公式：

信息的传递＝ 7%言语+38%语音+55%表情

虽然人们是用语言交谈，用语言传播信息，但语言并不是说话的全部。无论是说话者还是听话者，信息的准确传播和接受，都还得借助双方的表情、姿态、动作等肢体语言。

真正会说话的人，不仅会用嘴说，还会使用各种表情和肢体语言。事实上，肢体语言本来就是人们用来传情达意的一种重要方式，通过眼神、表情、手势或姿态等，就能把自己的心意传达给对方。

事实上，一个人的讲与听的过程，是交替使用眼睛和耳朵的过程。根据美国的语言专家研究，人的感觉印象中，有77%来自于眼睛，14%来自于耳朵，9%来自于其他感官。因此，当我们与人交往时，必须十分注意自己的言谈举止和表情，是否已经被对方所接受。

有的人一开口就滔滔不绝，但别人却不爱听、听不懂，或者根本不想听。究其原因，问题很可能就出在他的神态举止上。

神情倨傲，会伤害听众的自尊心；态度冷淡，会令听众失去听的兴趣；举止随便，会使听众对你不够重视；表情卑屈，会使听众产生怀疑；动作慌乱，会动摇听众对你的信任感；面容过于严肃，会使听众感到压抑和拘谨……可见，善于说话的人，在一举手、一投足间，都将影响着信息传播的效果。

7种谈吐态度应摒弃

良好的态度有如磁石，吸引着朋友和听众，不友好的态度有如恶臭，使别人掩鼻躲避。以下列举7种不友好的谈吐态度。

1. 武断

武断的态度是交谈的毒药，如果你开口"当然"、闭口"绝对"，那别人还有什么话可说呢？

所以，你要尽可能避免说这样的话："所有的政治，都是欺骗。""所有的战争都是罪恶。""所有的女人都是弱者。"像这样的话，不但使你显得偏激，而且也不符合事实。在你的语句中，要多用一些这类字眼："有的人……""有的时候……""可能""也许""或者"……给你的意见或判断略为加一些限制，留一点儿余地。在说完自己的意见之后，也不妨问一问对方："这是我个人的看法，你觉得怎样？"

或者说："我可能有错，我希望知道你的看法。"

更重要的是，要警惕自己不要用一种非常肯定的语调来讲话，好像大将军发布命令似的。不管你说什么，这种腔调别人一听就不舒服，就觉得你把自己抬得太高了。这种把自己放在一切人、一切事之上的态度，不久就会使你陷于完全孤立的地位。

2. 喜欢争论

交谈是要在融洽的、有商有量的气氛中进行的。我们不妨和别人一起讨论问题，不妨表示自己和别人不同的意见，谈话正是给大家交换各种意见、辨明是非、分析正误的好机会。但讨论和争论毕竟不同，喜欢争论的人常常把大家平静、融洽的讨论气氛破坏了，他们特别强调自己的"是"，对别人的不同意见随便地加以攻击和抹杀，结果使大家面红耳赤、不欢而散。讨论可以使多种不同的意见得到调和、补充、谅解，而争论却使它们相互对立起来，使调和、谅解变成不可能。

3. 沉闷单调，了无生气

有的人在跟别人说话时，总是毫无兴趣的样子。无论别人怎样也不加以反应，轮到他非说不可的时候也支支吾吾，好像半句话都懒得说的样子。

交谈就好像是打乒乓球，有来有往、一问一答才有趣，如果一边把球不断地打过来，一边却呆立在那里，一个球也不接，那还有什么趣味呢？倘若在人多的场合，在大家有谈有笑的时候，你一个人蜷缩一隅，两眼望着自己的鼻尖，不言不语、不听不看，那么别人就会觉得你孤独怪僻、不近人情了。

4. 不诚恳，不老实

别人跟你谈话，你支支吾吾，随便敷衍；你胡乱地赞美别人，过分地恭维别人；你一时这样说，一时又那样说，叫人不明白你真正的意思；你口是心非，自欺欺人；你装腔作势，夸夸其谈；你强不知以为知，卖弄聪明才智……诸如此类，都使别人在心里给你一个很不好的评价。

5. 自我中心，自高自大

有的年轻人特别喜欢谈自己，而且带着那种无限自怜与自爱的神情；

有的人特别喜欢向别人夸耀自己的成功，或明或暗、转弯抹角地为自己吹嘘；有的人谈起自己的意见来好像那是绝顶聪明的意见，自己的所作所为，好像都可以做别人的榜样。这种态度，也是非常令人不快的。

6. 轻佻、浮躁

有的年轻人误把轻佻当作轻松，误把浮躁当作活跃。这种人总是沉不住气，总是想出一点儿花样，想在别人面前表现自己的聪明机智。例如，别人正在谈着某一个问题，他就跑来打岔；他以为应该使气氛显得热闹一点，就胡乱说一些不得体的笑话，嘻嘻哈哈，自以为富于幽默感。他不知道不切题、不合时宜的笑话，只会使他自己显得轻浮、肤浅，而且也使别人感到不舒服。他不知道人们有时也需要正正经经、安安静静地谈话，不一定要乱笑乱嚷。

7. 粗暴

有一段关于风和太阳的寓言，风和太阳争执谁的力量大，风说道：我能证明我的力量大，看，地下正有一个老者身穿大衣，我能比你更快地使他把大衣脱掉。

于是，太阳躲进乌云里，风使出他的威力狂吹，但是风吹得越大，那老者越用手拉紧他的大衣。

最后风筋疲力尽，停下来了，太阳从云彩里走出来，开始对着那老者和气地笑。不久，那老者便用手拭他前额的汗并将大衣脱去。于是，太阳对风说："看见了吧，仁慈和友善永远比愤怒和暴力更为有力。"

这是个有趣的寓言，但愿也能给你一些深刻的启示。

掌握电话交谈的5个原则

电话（包括移动电话）交流自有一套艺术技巧，是语言技巧中的一种。电话交谈要掌握哪些原则呢？

1. 时间控制原则

电话交谈所持续的时间一般以3~5分钟为宜，如果要占用较长的时间，最好询问对方方便与否。切忌自己喋喋不休地说个不停，而不管对方是否还有急事要办。

如打通电话，先征求对方的意见，"您现在有空吗？我想和您谈谈某方面的事情，可以吗？"这样，既显示出你的礼貌、教养，又尊重了对话者的时间要求。

2. 起始语控制原则

要求接通电话后的第一句话应先报出自己的名字和身份。寻人时称呼要明确，特别是打电话到一个不太熟悉的单位找人，更不宜直接用简称，这是很不礼貌的表现。

3. 音量、语调控制原则

打电话时，口要对着话筒，嘴唇离话筒大约1.2cm，用适当的音量讲话即可。说话时应注意语调清晰、柔和。语调过高、语气太重，会使对方感到尖刻、严厉、生硬和冷淡；语气太轻、语调太低，会使对方感到你无精打采，有气无力；语调过长，显得懒散拖沓；语调过短，显得心不在焉、不负责任。

电话语言往往体现出通话者此时的心境和情绪。当你紧锁眉头，电话里的声音也一定沉闷、无力；当你面带微笑，电话会传递你的欢乐、喜悦。控制语音、语调，实际上就是控制你自己的情绪。

4. 回话控制原则

电话铃响后应及时去接。通话者拿起话筒要先自报单位、姓名，再问"您是哪位"。替别人接电话也应注意礼节，要向对方做出充分的解释，而不能简单地说"他不在""不知道"，而应说"他刚出去，我帮您留话好吗？"

5. 挂机先后原则

假如是与外宾、上级或长辈通电话，谈话结束后，要听到对方确实把话筒放下了才可以把电话挂掉，以表示对他们的尊重和应有的礼貌。同样道理，商店、酒店等单位接到顾客的咨询电话，也是要先等顾客放下话筒才能挂断电话。

另外，现在许多地方的移动电话是双向收费，因此，你在打别人的移动电话时，最好问一下对方是否在办公室或家里，打对方的固定电话比较好。

6种话易让人反感

酒逢知己千杯少，话不投机半句多。话说得有水准，自然招人喜欢。那惹人反感的谈话方式表现在哪呢？

首先，喋喋不休的话。在与人交谈中，总将自己放在主要位置，自始至终一人独唱主角，喋喋不休地推销自己，滔滔不绝地诉说自己的故事。有个名人说过，漫无边际、喋喋不休无疑是在打自己付费的长途电话。这样不但不能表现自己的交谈口才，反而令人生厌。"一言堂"不能交流思想，不能增进感情。交谈时应谈论共同的话题，长话短说，让每个人都充分发表意见，留心别人的反应，这样才能融洽气氛，众情相悦。正如亚历山大·汤姆所说："我们谈话就像一次宴请，不能吃得很饱才离席。"

其次，逢人诉苦，散播悲观情绪的话。在人的生涯中，每个人都会遇到挫折和苦难，但每个人对待的方式不同，有的人迎难而上，有的人知难而退，有的人却将苦难带来的愁苦传染给别人，在众人面前条陈辛酸，以获同情。交流中一味地诉苦会让别人觉得你没魄力，没能力，会失去别人对你的尊重。

第三，无事不通，显得聪明过人的话。言谈中，谈话的内容往往涉及天文、地理、历史、哲学等古今中外、日月经天、江河行地般的话题。如果在交谈中表现"万事通""耍大能"，到时定会打自己的嘴巴，砸自己的脚。因为交谈是相互了解、相互交流的方式，而不是表现学识渊博、见识广泛的舞台何况老子曾说过："言者不知，知者不言。"交谈中什么都说的人未必什么都知道。

第四，空话套话，就是不讲实话。大多数的孩子都喜欢肥皂泡，被吹出来的肥皂泡在阳光下闪耀着色彩艳丽的光泽，实为美妙。随着五彩泡泡的不断升高，接着一个接一个的纷纷破碎。所以，人们常把说空话喻为吹肥皂泡，真是恰当不过。对一些充满各种动听、虚幻诱人的词句，细细咀嚼即没有任何实在的内容，是迟早会破灭的。

说话的目的是为交流思想，传达感情。因此，交谈总得让对方知道你心中要表达的是什么。只要开口，不管是洋洋万言，还是三言两语，不管话题是海阔天空，还是一问一答，都应使人一听就懂。一些人惯用一些现成的套话来代替自己的语言。三句话不离套词，颠来倒去就那么几句，既没有思想性，更没有艺术性，令人听后形如嚼蜡。

央视有个一度受观众喜欢的栏目，叫"实话实说"。其受观众喜欢就是因为说实话，不说空话套话。

第五，质问的话。谈话时习惯质问对方的人，多半胸襟狭窄，好吹毛求疵，与人为难，或性情孤僻，或自大好胜，所以即使在说话小节上，也能把他的品格表现出来。其实，除了在不得已的场合如在法庭上辩论之外，质问的对话方式是大可不必采用的。如果你觉得意见不对，你不妨立刻把你的意见说出来，何必一定要先来个质问，使对方难堪呢？

例如，甲："昨天我想是今年以来最酷热的一天了。"乙："你怎会这么说呢？"

对方虽然说错了，但你何必要先给他一个难堪的质问呢？你既知道昨天气温不过34℃，而前天却达到35℃，那么你就说出来好了。先质问，后解释，犹如先向对方打了一拳，然后再向他解释一样。这一拳，足以破坏双方的情感。被质问的人往往会被弄得不知所措，自尊心受到很大的打击，如果他也是个脾气不好的人，必会恼羞成怒，而激起剧烈的争辩。

第三章 办事讲策略，成事有方法

为人处世、工作生活中，我们都会遇上一些事情，都离不开办事。办事能力是一个人综合素质的表征和体现，更是事业成功的关键。

人们都欣赏会办事的人，更希望自己也能成为一个办事高手，但要怎样才能成为一个办事能手？

对于办事的高手来说，天下没有办不成的事。办事讲策略，成事有方法。办事是人生的一门妙不可测的大学问，有方法，有策略，也在诀窍。只有把握住办事的原则、技巧，才能得到事半功倍的效果，否则就会变得事倍功半，甚至招致失败。

怎样请求别人帮你办事

任何人都有获得别人尊重的欲望，所以在向别人提出要求时，我们要特别注意使用礼貌语言，维护对方的面子，照顾人家的意愿，巧妙提出自己的要求，讲究分寸，让对方在不经意中向你敞开心扉。

1. 间接请求

通过间接的表达方式（例如，使用能愿动词、疑问句等），以商量的口气把有关请求提出来，讲得比较婉转一些，令人比较容易接受。

"你能否尽快替我把这事办一下？"

（比较：赶快给我把这事办一下！）

通过比较，我们不难看出，间接的表达方式要比直接的表达方式礼貌得多，因而更容易得到对方的认可和帮助。

2. 借机请求

借助插入语、附加问句、程序副词、状语从句及有关句型来减轻话语的压力，避免唐突，充分维护对方的面子。

"不知你可不可以把这封信带给他？"

（比较：把这封信带给他！）

语言中有很多缓冲词语，只要使用得当，就会大大缓和说话的语气。

3. 激将请求

通过流露不太相信对方能成功的想法，把请求、建议表达出来，给对方和自己留下充分考虑的余地。

"你可能不愿意去，不过我还是想麻烦你去一趟。"

你请别人帮忙或者向别人提出建议时，如果对方可能不具备有关条件或意愿就不应强人所难，自己也显得很有分寸。

4. 缩小请求

尽量把自己的要求说得很小，以便对方顺利接受，满足自己的愿望和要求。

"你帮我解决这一步已使我感激不尽了，其余的我将自己想办法解决。"

我们确实经常发现，人们在提出某些请求时，往往会把大事说小。这并不是变着法儿使唤人，而是适当减轻给别人带来的心理压力，同时也使自己便于启齿。

5. 谦恭请求

通过抬高对方、贬低自己的方法把有关请求等表达出来，显得彬彬有礼、十分恭敬。

"您老就不要推辞了，弟子们都在恭候呢！"

请求别人帮助，最传统有效的做法是尽量表示虔敬，使人感到备受尊重，乐于从命。

6. 自责请求

首先讲明自己知道不该提出某个请求，然后说明为实情所迫不得不讲出来，令人感到实出无奈。

"真不该在这个时候打搅您，但是实在没有办法，只好麻烦您一下。"

在人际交往中，要知道在有的时候、有些场合打搅别人是不适合的、不礼貌的，但这时又不得不麻烦人家。这就应该表示知道不妥，求得人家谅解，以免显得冒失。

7. 体谅请求

首先说明自己了解并体谅对方的心情，再把自己的要求或想法表达出来。

"我知道你手头也不宽裕，不过实在没办法，只好向你借一借。"

求人的重要原则就是充分体谅别人，这不仅要在行动中体现出来，而且要在言语当中表示出来。

8. 迟疑请求

首先讲明自己本不愿打扰对方，然后再把有关要求等讲出来，以缓和讲话语气。

"这件事我实在不想多提，但形势所迫，不得不求助于您了。"

在提出要求时，如果在话语中表示自己本不愿意说，会显得自己比较有涵养。

9.述说请求

在提出请求时把具体原因讲出来，使对方感到很有道理，应该给予帮助。

"隔行如隔山，我一点儿也不知道人家那边的规矩。您是内行，就替我办了吧！"

在提出请求时，如果把有关理由讲清楚，就会显得合乎情理，令人欣然接受。

10.乞谅请求

首先表示请求对方谅解，然后再把自己的愿望或请求等表达出来，以免过于唐突。

"恕我冒昧，这次又来麻烦您了。"

请求别人原谅是通过礼貌语言进行交际的最有效方法。用这种方式来进行交流显得比较友好、和谐。

说话委婉可以避免尴尬

对于容易造成尴尬局面的话题，有些人往往避而不谈；但一味地消极逃避未必是最佳选择，况且有些事情关系重大，无法逃避，不得不面对。这就必须讲究策略，使尴尬话题委婉出口。

1.己话他说

如果把两个人面对面地置于一个尴尬场面中却又不留回旋的余地，显然是不适宜的。尽量人为地拉开话题与现场之间的距离，给双方留下一个缓冲带。

张三拜访在市一中当校长的老同学李四，想把自己在普通中学读初二的儿子转学到一中。为了避免遭到李四拒绝的尴尬，张三先是称赞了一中良好的教学质量，然后说："我那不成器的儿子居然也想来一中镀镀金，也不想想自己……"李四一听知道话中有话，忙说："他的想法没错，只是……"

于是，一场尴尬无形之中避免。

2. 实话虚说

张三刚刚托好友李局长为自己办件事，忽然听说李局长被"双规"的传闻，不知真假，又联系不上李局长，就到李家探望。确实只有局长夫人在家，满脸愁容。张三说："我打李局长的手机总是打不通，便赶过来看看是不是发生了什么事？"张夫人长叹一声："唉，胃病又犯了，昨天送医院了……"

原来如此！如果张三实话询问李局长是否真的"双规"，那场面会如何？

3. 庄话谐说

轻松幽默的话题往往能引起人感情上的愉悦，庄重严肃的话题则会使人紧张、慎重。要有可能，最好能把庄重严肃的话题用轻松的幽默的形式说出来，这样对方可能更容易接受。

在当今，谁都希望自己获得高工资、高职务。可如果向老板公开提出加薪或升职要求，是不是有点尴尬？一个青年打工者成功地克服了这一点，为我们做了个示范。

他在一家外资企业打工，在较短的时间内，连续两次提出合理化建议，使生产成本分别下降30%和20%。老板非常高兴，对他说："小伙子，好好干，我不会亏待你的。"

青年当然知道这句话可能意义很大，也可能不值一文。便轻松一笑，说："我想你会把这句话放到我的薪水袋里。"洋老板会心一笑，爽快应道："会的，一定会的。"不久，他就获得了一个大红包和加薪奖励！

面对老板的鼓励，青年人如果不是这样俏皮，而是坐下来认真严肃地提出加薪要求，摆出理由若干条，可能会适得其反。

4. 明话暗说

渡江战役前夕，国共和谈破裂，国民党政府即将垮台。周恩来力劝国民党和谈代表留在北平共事，不要回去做蒋家的殉葬品。代表们也对原政府失去了信任，却又不知毛泽东能不能容忍他们的这些异党分子，就想探个究竟，也好为自己求得一条退路。可如果直接相问，就明显有乞降之嫌。有一个成员趁打麻将的时候，轻描淡写地问毛泽东："是清一色好，还是平和好？"毛泽东心领神会，爽快答道："还是平和好，我喜欢打平和。"

就这样，一个重大的信息悄然传了过去，代表们全留了下来。问者固然高明，回答也是不凡。如果毛泽东再把暗话挑明，拍胸脯担保众人平安无事，一则显得深度不够；二则也似当面在说："我饶你不死。"则双方尴尬在所难免。

投其所好，假装顺从

《孙子兵法·九地篇》中说："为兵之事，在佯顺敌意。"这句话的意思是说，指挥打仗，在于假装顺从敌人的意图。

社会心理学的研究证明，人的情感引导行动。积极的情感，比如，喜欢、愉快、兴奋，往往产生理解、接纳、合作的行为效果；而消极的情感，如讨厌、憎恶、气愤等，则带来排斥和拒绝。要使人对你的态度从排斥、拒绝、漠然到对你产生兴趣并予以关注，就需要最大限度地引导、激发对方的积极情感。"佯顺敌意"，投其所好，就得善于寻找对方的"兴奋点"。

佯顺敌意并不一定要借助物质手段，有时赞美他人、从心理上使其满足，也能达到良好的效果。

清代著名画家郑板桥名气很大，脾气怪，不肯向权贵富豪低头折腰，也不愿卖字画给他们，如果不得不给，就把题上款一项省掉。如果题有上款，称为某兄某弟，那就是郑板桥对那人青睐有加了。

扬州有一个盐商叫王德仁，字昌义，家财万贯，却苦于得不到郑板桥的一幅正版字画，即使辗转迂回地弄到几幅，也不会有上款，这事一直让他耿耿于怀。

王德仁长期谋划，得知郑板桥就爱吃狗肉。如果有人做一锅香喷喷的狗肉送给他，他会写一小幅字画回报，而且不要钱。

郑板桥喜欢出游，常常流连山水，乐而忘返。有一天，他游到一处地方，时已过午，有点饿了。忽然听到悠扬的琴声从远处飘来，他循声寻去，发现前面有一片竹林，竹林中有两三间茅屋。刚走近茅屋，一股肉香扑鼻而来，茅屋里面有一位老者，须眉皆白，正襟危坐弹琴，旁边有一个小童正在用红泥火炉炖狗肉。郑板桥不由得垂涎三尺，对老者说："老先生也喜欢吃狗肉？"老者说："世间百味唯狗肉最佳，看来你也是一个知味者。"郑板桥深深一揖："不敢，不敢，口之于味，有同嗜焉。"老人说："那太好了，我正愁一人无伴，负此风光。"于是，便叫小童盛肉斟酒，邀郑板桥对坐豪饮。

郑板桥高兴极了，肉饱酒酣之余，想用字画作为回报。见老者四壁洁白如纸，但却空无一物，便问："老先生四壁空空，为何不挂些字画？"老者说："书画雅事，方今粗俗者多，听说城内有个郑板桥，人品不俗，书画也好，不知名实相符否？"郑板桥说："在下就是郑板桥，为先生写几幅如何？"老者大喜，赶忙拿出预先准备好的纸笔。于是，郑板桥当面挥毫，立成数幅，最后老者说："贱字'昌义'，请足下落个上款，也不枉你我今天一面之缘。"郑板桥听了不由一怔，说道："'昌义'是盐商王德仁的字，老先生怎么与他同号了？"老者说："我取名字的时候他还没有生呢，是他与我同字，不是我与他同字，而且天下同名同姓的人太多了，清者清，浊者浊，这有什么关系呢！"

郑板桥见他说得在理，而且谈吐不凡，于是为他落了上款，然后道谢告别而去。

第二天郑板桥一早起来，想起昨天吃狗肉的事，总觉得有点不对劲，于是叫一个仆人到盐商王德仁家去打听情况。仆人回来说，王德仁将郑板桥送的字画悬挂中堂，正在发柬请客，准备举行盛大的庆祝宴会。

原来，王德仁以重金聘请了一位老秀才，花了几个月的时间在他经常去的地方等待，才抓到了这个机会，让郑板桥上了当。

像郑板桥这样清廉正直的人，却被一顿狗肉引上了"钩"。可见"投其所好"的方法只要运用得当，可以办成许多难办的事。

抓住对方的心理弱点

对方怕什么，就专门跟他玩什么。抓住对方的心理弱点，攻其一点，不计其余。

战国时，齐国人张丑被送到燕国做人质。不久，齐、燕两国关系紧张，燕国人想把张丑杀掉。

张丑得了消息，立即寻机逃走，尚未逃出边境，又被燕国一个官吏抓住。

张丑见硬拼不行，便对官吏说："你知道燕王为什么要杀我吗？"

"不知道！"

"因为有人向燕王告了密，说我有许多财宝，但我并没有什么金银财宝，燕王偏偏不信我。"张丑说到这里，见官吏糊里糊涂的，接着又说："我被你捉到了，你会有什么好处呢？"

"燕王悬赏100两捉你，这就是我的好处。"

"你肯定拿不到银子！如果你把我交给燕王，我肯定会对燕王说，是你独吞了我所有的财宝。燕王听后一定会暴跳如雷，到时候你就等着陪我死吧！"张丑边说边笑。

官吏听到这里，越发心慌，越想越害怕，最后只好把张丑放了。

张丑得以死里逃生，全靠他的这番话，他成功的原因在于抓住了官吏的心理弱点，然后一击击中。

在美国，关于第六任总统亚当斯的故事很多，他的一个特点是不愿轻易表露自己的观点，往往使报社的记者失望而去。有位叫安妮·罗亚尔的女记者一直很想了解总统关于银行问题的看法，可屡次采访也同样没有结果。

后来她了解到总统有个习惯，喜欢在黎明前一两个小时起床、散步、骑马或去河边裸泳。于是，她心生一计。

有一天，她尾随总统来到河边，先藏身树后，待亚当斯下水以后便坐在他的衣服上喊道："游过来，总统。"

亚当斯满脸通红，吃惊地问道："你要干什么？"

"我是一名记者。"她回答道，"几个月来我一直想见到你，就国家银行的问题采访一下。我多次到白宫，他们不让我进，于是我观察你的行踪，今天早上悄悄尾随你从白宫来到这里。现在我正坐在你的衣服上。你不让我采访就别想得到它，是回答我的问题还是在水里待一辈子，随便。"

亚当斯本想骗走女记者，"让我上岸穿好衣服，我保证让你采访。请到树丛后面去，等我穿衣服。"

"不，绝对不行"，罗亚尔急促地说，"你若上岸来抱衣服，我就要喊了，那边有三个钓鱼的。"

最后，亚当斯无可奈何地待在水里回答了她的问题。

对方怕什么就跟他玩什么，是一种非常手段。在此，需要提醒青年朋友的是，千万别把威胁的手段玩过了火，否则就会产生反面效果，要知道没人喜欢被威胁。

被威胁者会因气愤难当而进行反威胁，可能会导致两败俱伤的严重后果。

办事要学会变通

敏锐的眼光和判断力是事业成功的必备素质。任何事情在局势明朗之前，肯定都会有其前兆。具有慧眼的人会根据这些细微之处正确判断出事态的发展，采取相应的行动。要想获得成功就必须把自己培养成能判断形势的高手，从而把行动的主动权牢牢掌握在自己手中。

生活纷繁复杂，永远有许多无法预测到的问题会发生，唯一的办法就是保持应变能力。你要准备随时改变方向和思维方式，适应对手的变化。

机动灵活是办事高手的基本素质之一。穷则变，变则通，通则久。许多不能办成的事，如果能够采取变通的方法处理，就有可能取得成功。

战国时，庄公把母亲姜氏放逐到城颍，临行他发誓道："咱们不到地底下，别想见面！"

后来他又后悔了，颍考叔担任颍谷封人的官职，听说这件事后，亲自进贡礼物给庄公。庄公宴请他，他吃的时候单独挑出肉来放在一边。庄公问他为什么，他回答道："小臣有老母亲，我想弄些肉给她尝尝。"

庄公说："你有母亲可以送食物，唉，我却没有！"颍考叔说："请问这是什么意思？"庄公把发誓的事告诉他，并且说后悔不已。颍考叔说："您担什么心呢！要是挖个地道，然后您和姜夫人通过地道来见面，谁会说您违背了誓言呢？"

庄公照他的话去办。果然，母子两个就和好了。

善于运用发散性思维

形而上学的人生活在绝对的两极思维的峡谷中，或者是甲，或者是非甲（乙），没有其他的选择。丰富复杂的社会生活以无数的事实证明这种思维方式是错误的。生活中常有这样的事情发生：既不是甲，也不是非甲（乙），而是丙. 换一句话说，就一个问题的解决方案而言，正方案不行，反方案不行，只有正反方案之外的方案，即第三条方案才是最佳。

宋朝的蔡京在洛阳的时候，遇到一则有趣的诉讼案件。有一位妇女生过一个儿子之后改嫁了，在新家里又生了一个儿子。后来，两个儿子长大成人，都做了官。他俩争着奉养母亲，相持不下，打上了官司。断案的人没有办法裁决，向蔡京求救。蔡京听后说："这有什么困难？问问他们的母亲，愿意到谁家就去谁家，不就完了吗？"就这样，蔡京一言断了一案。

断案人之所以陷入困境，是他的注意力只在对立的两个方案中打转转，是这个儿子的要求对，还是那个儿子的要求对？他就没想到跳出这个圈子，另外想办法。蔡京的高明之处，就在于发现了第三条路。

办事能力平常的人在处理事情时，往往是一叶障目，在非常狭小的空间内打转转，不能以发散的思维和开阔的视野去寻求解决问题的方案。而办事能力高超的人能见人所未见，知人所未知，原因何在？其实很简单，就是他眼光敏锐，站得高，看得远，能在别人思考的范围之外思考，从而发现别人难以发现的东西。要想提高办事能力，应该善于在常规范围之外寻找解决问题的方案。

与9种性格的人的交流方法

每个人的嗜好、想法都不一样，经常遇到的对手也是不同的。

与人交涉时，倘若能够明白对方属于何种类型，办起事来就比较容易了。现列举十类人供参考。

第一类：死板的人

遇到这种人，你就要花些工夫注意他的一举一动，从他的言行中寻找出他所真正关心的事来。你可以随便和他闲聊一些话题，使他回答或产生一些反应。接下去，你要好好利用此类话题，让他充分表达自己的意见。

譬如，当你们聊到保龄球时，J先生的话就开始多了起来，这表示他对这种球很有兴趣。他很起劲地谈到打球的姿势、球场的情况和自己最近的成绩……原来死板的表情竟一扫而空，代之以眉飞色舞。

每一个人都有他感兴趣、关心的事，只要你稍一触及，他就会开始滔滔不绝。你必须利用这种人的心理，好好掌握话题内容。

第二类：傲慢无礼的人

有些人自视甚高、目中无人，时常表现出一副"唯我独尊"的样子。这种举止无礼、态度傲慢的人是最不受欢迎的。当你不得不和他接触时，你应该如何应对他呢？

对付这种类型的人，说话应该简洁有力才行，最好少跟他啰唆，多说无益；你要尽量小心，以免掉进他的圈套里头。

不要认为这种人客气，你也礼尚往来地待他，其实，他多半是缺乏真心诚意的。你最好在不得罪对方的情况下，言辞尽可能地"简省"；不必理会他的傲慢，尽量简单扼要地与之交涉就对了。

第三类：沉默寡言的人

和不爱开口的人交涉实在是非常吃力的。对方如同哑巴一样，半天嘴里挤不出一个字来，你就没办法了解他的想法，更无法得知他对你是否有好感。

应对这种人，你最好采取直截了当的方式，让他明白表示"是"或"不是"，"行"或"不行"，尽量避免迂回式的谈话。你不妨直接地问："对于A和B两种办法，你认为哪种较好？是不是A方法好些呢？"迫使他做出选择性回答。

第四类：深藏不露的人

我们周围存在有许多深藏不露的人，他们不肯轻易让人了解其心思，或让人知道他们在想些什么。有时甚至说话不着边际，一谈到正题就顾左右而言他，自我防范心理极强。

当你遇到一个深藏不露的人时，你只有把自己预先准备好的资料拿给他看，让他根据你所提供的资料，做出最后决断。

人们多半不愿将自己的弱点暴露出来，即使在你要求他做出答案或提出判断时，这种人可能是在故意装懂，或者故意言不及义地闪烁其词，使你有一种"莫测高深"的感觉。其实这只是对方伪装自己的手段罢了。

第五类：草率决断的人

这种类型的人，乍看好像反应很快，他常常在交涉进行到最高潮时忽然做出决断，给人"迅雷不及掩耳"的感觉。由于这种人多半是性子太急，因此有的时候为了表现自己的"果断"，他的决定会显得随便而草率。

这类人的特征是：没有耐心听完别人的话，往往"断章取义"、自以为是地妄下决断。如此虽使交涉进行较快，但草率做下的决定多半会留下后遗症，招致意料不到的枝节发生。

倘若你遇到这种人，最好把谈话分成若干段，说完一段（一部分）之后，马上征求他的同意，没问题了再继续进行下去，如此才不会发生错误，也可避免因自己话题设计不周到而引出不必要的麻烦。

第六类：过分糊涂的人

这种人一开头就没弄懂你的意思，你就是和他长时间地交涉下去，结果他也会错误百出。

过分糊涂、经常犯错的人不外乎两种：一种是自己从来不知反省；另一种则是理解能力差，完全没听懂别人的谈话。对于这种人，你还是少接触为妙。

第七类：顽固不通的人

固执的人是最难应付的，无论你说什么他都听不进去，他只知坚持自己的观点，死硬到底。跟这种顽固分子交手，是最累人且又浪费时间的，结果往往徒劳无功。因此，在你和他交涉的时候，千万要记住适可而止，否则，谈得越多越久，你心里越不痛快。　对付这种人，你不妨及时抱定"早散""早脱身"的想法，随便敷衍他几句，不必耗时费力，自讨没趣。

第八类：自私自利的人

这世上自私自利的人为数不少，无论你走到哪儿，总会遇到几个。这种人心中只有自己，凡事都将自己的利益摆在前头，于己无利的事他是绝不会做的。

当我们不得不与其接触、交涉时，只有暂时按捺住自己的厌恶之情，姑且顺水推舟、投其所好，但又不失原则。当他发现自己所强调的利益被肯定了，自然就会表示满意。如此，交涉才会获得成功了。

第九类：毫无表情的人

人的心态和感情常常会通过脸部的表情显现出来，所以在交涉的时候，表情往往可以作为判断情况的依据。

然而，有些人却是毫无表情可言的，也就是说，他的喜怒是不形于色的，这种人不是深沉就是呆板的。当你和这种人进行交涉时，最好的方法就是特别注意他的眼睛和下巴。

常人说："眼睛是会说话的"，诚然，眼睛是灵魂之窗，你可以从对方的表情中，看出他对你的印象究竟如何。有时候，你会过分紧张得连表情都不自在，此时，你不妨看看对方的反应：是毫不在意、无动于衷，还是已经察觉、面露质疑？留意他的眼神，你一定可以得到答案。

办事要学会运用亲戚关系

俗话说，不是一家人，不进一家门。每个人都有三亲六故，给自己亲戚办事的情况很多。当人们遇到困难的时候，大概首先想到的就是找亲戚帮忙。作为亲戚，对方也一般会很热情地向你伸出援助之手。"亲不亲，一家人""一家人不说两家话"，这都说明找亲戚办事有得天独厚的便利。

让亲戚帮自己办事，有以下几点需要注意。

1. 主动沾亲

在任何社会，亲情永远是最宝贵的。在利用亲情办事之前，需要具备锲而不舍的精神，不怕吃苦，勇于发掘亲戚关系。

2. 利用亲情

利用亲戚关系时，叙情起很大作用。可以说，善用亲情在很大程度上要善用亲情去说服对方、感动对方。在求亲戚帮助的时候，一样需要用真诚打动对方，使亲情发挥作用，切不可虚假用情。

亲戚之间的关系应以"情"字为主，而不要"利"字当头。现实生活中的许多人是非常势利的，亲戚若得势，他就与之交往；亲戚若落魄，他就不理不问。这种人通常是受人鄙视的。

利用亲戚关系并不是无限制地滥用，不顾一切去利用会给对方增加麻烦，使对方拒绝，自己也会因此而受到道德良心上的谴责。

3. 利用亲戚关系办事，要在人格上求平等

亲戚之间需要经常走动，增进了解，互助互利，设法为对方多办些事，这样才能增进亲戚之间的感情，否则亲戚之情会越来越淡。

在传统的亲戚交往中往往存在着一种误区，那就是：亲戚关系是一种血缘关系，彼此都是一家人；七大姑给八大姨帮忙办事都是分内之事、应该之事，没必要像其他关系那样客套、讲礼。其实，这种想法大错特错。血缘的关系虽说是"割断了骨头连着筋"，但亲情的维护与保持就产生在彼此之间相互帮助与知恩图报的基础上。

4. 经济往来要清楚

求助过程中因为经济利益而得罪人，在亲戚之间是屡见不鲜的。比如，亲戚之间的借钱借物等财物往来是常有的事。有时是为了救急，有时是为帮助，有时就是赠送，情况不同，但都体现了亲戚之间的特殊关系，把这种财物往来当成表达自己心意和特殊感情的方式。

作为受益的一方对亲戚的慷慨行为给予由衷的感谢和赞扬是必要的。如果他们把这种支持和帮助看得理所应当，不做一点儿表示的话，对方就会感到不满意，而影响彼此的关系。

另一方面，对于需要归还的钱物，同样是不能含糊的。这是因为亲戚之间也有各自的利益，一般情况下应把感情与财物分清楚，不能混为一谈。只要不是对方明言赠送的，所借的钱物该还的也要按时归还。有的人不注意这个问题，他们以为亲戚的钱物用了就用了，对方是不会计较的。如果等到亲戚提出来时，那会使双方都尴尬。

对于来自亲戚的帮助要注意给予回报，这既是加深友谊的需要，也是

报答对方帮助的必要表示。如果忽视了这种回报，同样会得罪人。

总之，亲戚之间的钱物往来，既可以成为密切感情的因素，也可能成为造成矛盾的祸根，就看你如何处理。

5. 不要居高临下或强人所难

亲戚之间虽有辈分的不同，但是也应当相互尊重、平等对待。特别是在彼此之间地位、职务有差异的情况下，更应如此。

常言说，"穷在街市无人问，富在深山有远亲"。这就是说，地位低的人总是希望从地位高的一方那里得到一些帮助，同时在他们提出自己的请求时，又怀有极强的自尊心。在这种情况下，如果地位高的一方对来求助的亲戚表示出不欢迎的态度，那就很容易伤害对方的自尊。

一般来说，地位低的人对于被小看是很敏感的，只要对方露出哪怕一点儿冷淡的表示都会计较、不满，造成不良的结局。

还有另一种情况，有些人求亲戚办事，特别是办一些有违原则的事，人家没办就心怀不满，说人家不讲情谊，这也是很使人伤心的。

在有地位差异的亲戚之间最常见的矛盾是在求与被求之间，是在不能满足对方要求的情况下发生的。如遇这些问题，一方应尽量地满足对方的需求，另一方则应考虑对方的难处，尽量不要给人家出难题，即使因客观原因不能满足自己的需求也应给予谅解，不能过多计较。

6. 不要一厢情愿，为所欲为

亲戚之间由于彼此关系有远近之分，有密切程度上的差别，因此，在相处中要注意把握适当的分寸。

"亲戚越走越亲"是一般原则。但是，这里面也是有一定技巧的。

过去走亲戚可以在亲戚家住上一年半载，现在就有很多的不便。大家都有工作，都有自己的生活习惯，住的时间过长很多矛盾就会暴露出来。

还有的人到亲戚家做客不是客随主便，而是任自己的性子来，这就给主人带来很多的麻烦，也容易造成矛盾。

比如，有的人有睡懒觉的习惯，到亲戚家也不改自己的毛病。主人要照顾他，又要上班，时间长了就会影响主人的工作和生活的正常秩序，进而影响彼此的关系。

还有的人不讲卫生，到了亲戚家里，烟头到处扔。时间不长，人家还可能忍耐克制；要是日子长了，矛盾就会暴露出来。

因此，在亲戚交往中也要优化自己的行为方式，如果方式不当同样会得罪人。

办事要学会运用朋友关系

千里难寻是朋友，朋友多了路好走。朋友相交之初，总会有"苟富贵，勿相忘"的誓言，可事实上远非如此。有些朋友在自己富贵发达之后就忘了这话，逐渐与原先那些状况并未有多大改善的老朋友疏远了，甚至忘掉了老朋友，躲着老朋友。

老朋友疏远的原因很多，有可能是发达显贵的一方人格发生了偏差，耻于与无权无势的旧交为伍了；有可能是他心情虽没变，因整天沉湎于繁杂的事务之中难以自拔，无暇顾及他人；也有可能是没有长进的一方妄自菲薄，因自卑而羞于交往……各种原因使两者的交情越来越淡薄了。

在这样的关系下，如何向朋友开口请求帮忙办事情呢？当然，这肯定是被逼无奈、非求不可的事了。在这种情况下不妨采用以下四种方法。

（1）带上见面礼。多年不见，就算是老交情，带点礼物上门也是非常自然的，这更是情感的体现。礼物不在多少，它能把这多年没有交往的空缺一下子填补。

选礼物最好针对对方旧有的嗜好，也可以是土特产，也可以是烟、酒。

当然，礼物不同，见面时的说法也不同。若是旧友嗜好之物，就说是"特意给老兄（老弟）的，我知道你最喜欢这东西"；若是土特产，就说是"带给嫂子（弟妹）和孩子尝尝的"之类。走进了门，便有了开口求老朋友办事的机会了。总之，得带点儿东西才行。

（2）唤起回忆。这是拜访最重要的办事基础，因为回忆过去就唤起了对方沉睡多年的交情，这交情才是对方肯为你办事的前提。

明朝初年，朱元璋当了皇帝。有一天，家乡的一个旧友从乡下来找朱元璋要官做。这位朋友在皇宫大门外面哀求门官去启奏，说："有家乡的朋友求见。"朱元璋传他进来，他就进去了，见面的时候，他说："我主万岁！当年微臣随驾扫荡芦州府，打破罐州城，汤元帅在逃，红孩儿当关，多亏菜将军。"

朱元璋听了这番话，回想起当年大家饥寒交迫、有乐共享、有难同当的情景，又见他口齿伶俐，心里很高兴，就立刻让他做了御林军总管。

当然，回忆过去，闲聊往事，也有个当与不当的问题。其实朱元璋坐了皇帝以后，先后有两个少时旧友来找他求官做，一个说了直话，引起了他的尴尬，被杀了头；而上述这位说了隐话，而且说得委婉动听，被朱元璋委以高官。

与朋友及家人闲聊过去，如果是当着他的孩子和老婆，也要尽量少去提及让对方成为笑料的"乐事"及尴尬事，这样可能会伤害对方在家庭中的权威，引起对方的反感，你就达不到办事目的。

（3）以言相激。"无事不登三宝殿"。长时间没有来往，此次突然来访，对方便心知肚明你有事要求于他。他若不愿帮忙，一进门就会显得非常冷淡，当你把事提出来的时候，他便会表现出含含糊糊的拒绝态度。这可能是在你的意料之中，这时，你就得把"死马当成活马医了"。以言语相激不失为一种扭转对方态度、继续深入的好方法。

比如，你可以说：

"你是不是觉得，我这事给你找的麻烦太多？"

"我知道只有你能帮我，所以我才来找你的，否则，我能大老远跑到你这里来。"

"我想你有能力帮我，再说这事也不是什么违背原则的事。"

"这事我临来之前，跟亲友都打过保票了，说到你这里一办就成，难道你真让我回家无脸见人？"

以言语相激也必须掌握分寸，若是对方真的无能力办此事，也不能太苛求人家，让人家为难，更不能说出绝情绝义的话，伤害对方。只有你了解了对方确实有"多一事不如少一事"的心态时，才可以以言语相激，逼他去办。

如果他真的帮你去办事，不管办成没办成，事后你都应该说道谢的话，这样会显得你有情有义。

（4）以利益驱动。如果你了解到这事办成的难度大，或者对方是一个见钱眼开的人，即使他帮你办成，也会留下一个天大的人情。这样，你不妨干脆以利益驱动。

如果你把实情道出，说这是自己的事，事成之后给多少好处，对方可能会碍于老朋友的面子不好接受。那么，这时你可以撒一个小谎，说这事是别人托你办的，事后可以怎样，这样，对方就会很坦然地接受，你也可以显得不卑不亢，事后也避免留下还不完的人情债。其实，这种方法也是当今社会很普遍的办事手段，运用这种手段办事，成功率往往很高。

办事要学会运用老乡关系

中国人有着强烈的乡土观念，表现之一就是对同乡人有一种天生的热情，尤其是在外地上学或谋生时，这种同乡感情就愈发强烈。

在大学里，经常可以见到有某地学生组织同乡会性质的"联谊会"，有人觉得这些人落后狭隘。但事实证明，他们那"抱成团"的宗旨确实给大多数同乡带去了"实惠"，解决了不少困难。后来，这种同乡会性质的团体几乎到处都能见到。它的形式虽是松散的，但"亲不亲，故乡人"的同乡观念有一定的凝聚力，它在"对外"上保持一致性，团结一致，抵御外来的困难和威胁，对内互相提携，互相帮助。

当今社会人口的流动性很大，许多人离开家乡，到异地去求职谋生。身在陌生的环境里，拓展人际关系有一定的难度，那就不妨从同乡关系入手，打开局面。网络时代，在异乡寻找同乡变得方便、快捷，例如，上网搜索相关的QQ群或同乡信息，就可以很快结识一批老乡。

同乡之间或许没有什么较深的感情交流，主要凭的就是乡情，最突出的体现便是在乡音上。如果同在异乡谋生，遇见老乡时，操着一口乡音，会勾起对方一种亲密的感觉，对方也会极易答应你托他办的事。但是，在托老乡办事时切忌在公众场合用乡音与之交谈，因为有的老乡来自农村，他不愿意让别人从乡音中推测出自己的历史。

托同乡办事除了利用乡音，利用土产也是一条较好的途径。土产也许并不很贵，但是那是故乡的特产，外地买不到，这样，土产中便包含了浓浓的情意，在这种感情支配下，老乡多半会答应你所托他办的事。

人们在离开家乡很长时间之后，常常会因为生活、事业上的挫折与生活习惯的不同，勾起思念家乡的感情。每个人都与自己的家乡有一份浓浓的剪不断的牵挂之情，这份感情是每一个在外游子的精神支柱。

在每一个背井离乡的人的记忆深处，都有关于家乡的温馨的回忆，一般人不轻易流露这种感情；但若勾起了他的这种感情，则一发不可收拾。

要托老乡办事，最主要的就是以乡情感动他，勾起他对家乡的思念，使他想到要为家乡做些什么，这样他会毫不犹豫地帮助你。

办事要学会运用同学关系

同学关系非常纯洁的，有可能发展为长久、牢固的友谊。因为在学生时代，人们年轻单纯、热情奔放，对人生对未来充满浪漫的理想，而这种理想往往是同学们共同的追求目标，曾几何时，彼此在一起热烈地争论和探讨，每个人的内心世界都袒露在别人面前。加之同学之间朝夕相处，彼此间对对方的性格、脾气、爱好、兴趣等等能够深入了解。因此，在同学中最容易找到合适的朋友。

即使你在学生时期不太引人注目，交往的范围也很有限度，你也大可不必受限于昔日的经验而使想法变得消极。因为，每个人踏入社会后，所接受的磨炼均是百般不同的，绝大多数的人会受到洗礼，从而变得相当注意人际关系。因此，即使与完全陌生的人来往，通常也能相处得很好。由于这种缘故，再加上曾经拥有的同学关系，你可以完全重新展开人际关系的塑造。换言之，不要拘泥于学生时期的自己，而要以目前的身份来展开交往。

谁都牵挂昔日的同窗，说不定你的音容笑貌还存留在他们的记忆中，千万不要把这种宝贵的人际关系资源白白地浪费掉。从现在开始，你就要努力地去开发、建设和使用这种关系。

那么我们该如何利用同学关系呢?

1. 加深关系，让同学主动帮忙办事

同学之情的作用非常巨大，同学之间如能建立亲密的联系，并逐渐加深关系，那么你遇到难题时，同学就会调动自己的关系尽力帮忙。有些聪明人很巧妙地运用了这个关系，在一些无关紧要的场合中，自己吃些小亏，做些让步，送个人情给同学，使他人一辈子记住这份人情，最后还有可能因此而获得极大的成功。

2. 经常聚会，以求关键时候帮把手

要知道，大千世界茫茫人海，既为同学，缘分不浅。虽相处时间不长，但这中间的关系值得珍惜，值得持续下去。当你与同学分开后，还能保持一种愈久弥坚的相互联系的话，那对你的一生，或者说对你将来要达到的目的与理想是会很有好处的；这其中的有利方面，也许是你所从未想到的。

同学关系有时往往会在很关键的时刻起作用。但是值得注意的是，平时一定要注意和同学培养、联络感情，只有平时经常联络，同学之情才不至于疏远，同学才会甘心情愿地帮助你。

3. 经常参加同学间的活动，办事时才会得到照顾

许多人目光短浅，与老同学往来、聚会时不甚热情，分开后不相往来，遇到事情时再来找老同学，谁会给他帮助呢?

当年身为同学之时，大家都比较单纯，友情非常纯洁，而分开之后只要还彼此保持着联络，就会十分怀念那份纯真的友谊。因此，分开后的同学常常会借这样那样的活动彼此联系，只有参加这样的活动，加深同学之间的感情，在你托同学办事时，同学才会爽快地答应，积极地去办。

办事要学会运用领导关系

在我们生活和交际范围内，领导就好比是一棵大树，善于利用这种关系，没有办不了的事，也没有不能办的事。但是，我们也不应该不分情况、不加考虑、不管大事小事都找领导去办。否则，不但让领导认为你太缺乏能力，而且真正遇到需要向领导张嘴的事时反而无法开口了。

1.哪些事情应该利用领导关系来办

（1）和单位工作有关的事。常言道：老实人吃哑巴亏，会哭的孩子有奶吃。在同等条件下，两个同事工作都比较勤恳认真，但在分房时，一个虽然结婚好几年，3口人挤在一间破旧的平房里，却"有苦难言"，对领导只提了一次要求；但另一位却三天两头地找领导诉苦，有空就拨拨领导脑子里面分房的这根弦，结果被优先考虑，而那位老实巴交的同事只能眼巴巴地看着别人住进了宽敞明亮的新房。

有些人认为向领导要求利益，就肯定要与领导发生冲突，给领导找麻烦，影响两者的关系；也有人一心埋头苦干，任劳任怨，不讲价钱，只要被领导重用，什么都不敢提，结果往往一无所获。干好本职工作是分内的事，要求自己应该得到的也是合情合理的；付出越多，成绩越大，得到的应该就越多。

只要你能干出成绩，即使向领导要求你应该得到的利益，他也会满心欢喜。如果你无所作为，无论在利益面前表现的多么"老实"，领导也不会欣赏你。事实上，从领导艺术的角度上讲，善于驾驭下属的领导也善于把手中的利益作为笼络人心、激发下属的一种手段。可见，下属找领导办事不仅解决了自身的实际问题，而且还是加深与领导关系的一个手段。

（2）直接涉及自身利益的事。找领导办事一定要看事情是不是直接涉及自身利益，如果是，则领导会认为是一种义不容辞的责任。这样的事情领导愿办，也觉得名正言顺。

比如，你爱人调动工作，你通过别的关系可能费了九牛二虎之力也难以办成；如果你找单位领导办，领导觉得你重视他的地位，使他有了救世主的感觉，又可以因为单位职工解决困难而积累其领导的资本。有时，这样的事你不找领导，领导甚至会产生你看不起他的想法。

但你一定要知道，这类事必须关系到你的切身利益，或你爱人的事，或孩子的事，或直系亲属的事；如果不管七大姑八大姨的事你都揽过来去找领导办，领导不但不会答应，而且还会认为你太多事，从而影响你在领导心目中的形象。

2. 寻求领导理解和支持的五个原则

你要办什么事？为什么要办这件事？理由充分吗？诸如此类的问题摊到领导的桌面上，领导能理解你的苦衷吗？如果他理解了你，你可能就得到了他的支持，问题可能也就迎刃而解。相反，如果没有得到领导的理解，甚至他有时还觉得你提出的要求过分了，或者觉得你请求办的事有些过格了，那么，事情成功的希望之光可能就黯然失色了。所以，寻求理解对能否把事情办成至关重要。

那么，怎样获得领导的理解和支持呢？要想得到领导对你请求办的事的理解，你必须遵守如下几项原则：

（1）时间原则。要在领导有空闲的时候同领导会面谈事。领导忙的时候，心情容易烦躁，不但对你提出的事不挂在心上，甚至还会责怪你不识眉眼高低。如果在领导时间宽裕的情况下去谈，领导有一定耐心听，问题可能会得到重视，因而也就更有利于把事情办成。

（2）场景原则。找领导谈事要考虑会谈的场所和环境。有的事要到领导的办公室里谈，有的事要到领导的住室里私下谈；有的事谈得越诡秘越有效果，而有的事越是有旁人听到越对成事有利。这其中的奥妙就在于你所要求办的事的分量和利害关系以及某位领导的脾气秉性。

（3）引入原则。找领导办事要讲究话题的引入方式。有的需要直来直去，开门见山地和盘托出，有的则需要循循善诱，娓娓道来或者渐入佳境，否则便让领导感到唐突冒失。一般而言，如下几种引入方式较为常用：

一是通过谈工作的事引入自己的事；

二是通过谈生活的事引入自己的事；

三是通过谈社会的事引入自己的事；

四是通过谈家庭的事引入自己的事；

五是通过谈领导关心的事引入自己的事；

六是通过谈自己关心的事引入自己的事。

（4）会说原则。要想把事办好，必须首先把话说好。说话要有逻辑性、条理性，让人听了有理有据，而且还要和风细雨，让人听了动心。"晓之以理、动之以情"，有情有理，情理交融，即便是铁石心肠的领导，也会被感动得甘愿费力出面为你办事。

（5）恭敬原则。人性的弱点决定了人是最禁不住恭敬的动物。对领导来说也是如此，你求他帮助办事，恭敬他是理所当然的。你恭敬了他，他也反过来尊重你和重视你，得到恭敬的人是不会放着对方的难题不管的。

坚持以上五个原则，你要托领导办的事，很容易得到领导的理解和支持。那时，不管事情有多难，多半不会让人失望。

3. 在"人之常情"上下功夫

孟子曰："人皆有不忍仁之心"。意思是说世界上每个人差不多都具有同情弱小和怜恤受难者的仁慈感情。找领导办事能否获得应允，有时恰恰是这种心情起了作用。

通常情况下，人们是不愿轻易去找领导办事的，领导盛气凌人的"架子"和目无下尘的"脸子"是不会被一般下属愉快接受的。一般而言，下属不到万般无奈和迫不得已的时候，不会随便提出一件事让领导烦心。所以，对一个人情世故相对成熟的下属来说，不经过"三思"，只靠脑瓜门儿一热乎便去找领导办事的人可谓寥寥无几。

找领导办事，说穿了无非是托他们帮助解决困难。是困难就有一些苦衷，要想把事情办成，最好的方法就是把这些苦衷通情达理、不卑不亢地吐出来，使领导产生同情心，从而帮助你把恳求办的事情办好。

要引起领导同情，必须了解领导自身的人生经历和社会经历，对领导曾经有过类似的切身感受过的事情，容易得到同情，从而得到支持和应允。

要引起领导同情，必须在人之常情上下功夫，必须把自己所面临的困难说得在情在理。所以，越是哪一点给自己带来遗憾和痛苦，则越是大加渲染，这样，领导才愿意以拯救苦难的姿态伸出手来帮助你办事，让你终生对他感恩戴德。大凡能激发人的公正之心、慈悲之心和仁爱之心的事情，都能引起人们的同情和帮助，还能使人在帮助之后产生一种济世之感。

要引起领导同情，必须了解领导的好恶，了解他平时爱好什么，赞扬什么又愤慨什么，了解他的情感倾向和对事物善恶清浊的评判标准。领导的同情心有时是诱出来的，有时是激出来的。如果领导对你的某个朋友有成见，认为他水平很差，他不得志和受排挤是不足为怪的。那么，你要帮朋友解决常年在基层受压抑之苦的问题，并想借此引起领导的同情，可能就是一件相当困难的事情了。只有没有成见的时候，领导才能产生同情心。

要发挥"以情感人"的奇效，利用领导善良的同情办事，它甚至比"以理服人"更能打动领导的心灵，更能促使上级伸出仁爱之手。

办事要学会运用同事关系

每一个人在单位都有表现自己的欲望，请求同事帮忙办事就等于为他提供了一次表现个人能力的机会，即使遇到困难甚至担心领导不满也得办，以此在同事中表现自己的热心肠。因此，找同事办事不必存在任何顾虑，该张嘴时就张嘴。只是，如何轻松张嘴也是有讲究的。

该如何利用同事关系办好事呢？

1. 托同事办事时态度要诚恳

托同事办事时态度要诚恳，将事情的前因后果、利害关系说得清清楚楚，要说明为什么自己不办或办不了而去找他办。总之，由于同事对你了解得十分清楚、知根知底，因此托同事办事态度越诚恳越好。你的态度越诚恳，同事也就越不可能拒绝你。

2. 托同事办事要懂礼节

同事关系不像朋友关系那样亲近，同事之间一般不会太过深交，因此，托同事办事时一定要注意礼节。在提出托同事办事时，说话语气应诚恳、客气，询问对方是否可以帮助自己。对方如果同意了，则务必要说些客气话感谢对方。办事过程中，你应将后备工作全面做好，以备不时之需。事情办成之后，要诚挚地向同事表示感谢；并根据同事的喜好，或者请同事一起吃饭联络感情，或者给同事送点儿薄礼。

3. 托同事办事目的要明确

托同事办的事，一般应有一个明确的目标，这样同事也可以有的放矢。不要托同事办一些目的不明确、比较笼统的事，应该托同事办一些难度不大、目标明确、效果显著的事，也有利于你向他致谢。

4. 不适合托同事办的事

自己力所能及的事不要托同事办，因为同事很容易认为你是在摆架子支使他，这会影响你跟同事的关系。这样的事同事一般也不会帮你办，即使帮你办了，也会极大损害你们之间的关系。

同事还得去求人的事尽量不要托同事办。同事托人会欠下人情，你托同事又欠下人情，这样的人情债不太好还，费的周折过多，还不如自己再想别的办法。

涉及同事之间利益关系的事不能托同事办。如果涉及其他同事或领导的利益，这种事会影响到同事之间或与领导之间的关系，因此这种事一般不宜托同事去办。

受到冷遇怎么办

托人办事受到冷遇很常见。对此，不同的人有不同的反应：或拂袖而去，或纠缠不休，或怀恨在心。这样的反应其实是不利于办事的，甚至有时会因小失大，影响办事效果。因此，了解受到冷遇的具体情况再做不同的反应，是十分必要的。

若按遭冷遇的原因分，无非以下三种情况：

一是自感性冷遇，即估计过高，对方未使自己满意而感到的冷落。

二是无意性冷遇，即对方考虑不周，顾此失彼，使人受冷落。

三是蓄意性冷遇，即对方存心慢怠，使人难堪。

当你被冷落时，要区别情况，弄清原因，再采取适当的对策。

对于自感性冷遇，自己应反躬自省，实事求是地看待彼此关系，避免猜度和嫉恨人。

常常有这种情况，在准备求人办事之前，自以为对方会以热情接待，可是到现场却发觉对方并没有这样做，而是采取了低调。这时，心理就容易产生一种失落感。

其实，这种冷遇是对彼此关系估计过高、期望太大而形成的。这种冷遇是"假"冷遇，非"真"冷遇。如遇到这种情况，应重新审视自己的期望值，使之适应彼此关系的客观水平。这样就会使自己的心理恢复平静，除去不必要的烦恼。

有位朋友到多年不见面的一个老同学家去探望。这位老同学已是商界的实力人物，每天造访他的人很多，感到很疲劳，大有应接不暇之感。因此，对一般关系的客人，他一律不冷不热待之。

这位朋友一心想会受到热情款待，不料遇到的是不冷不热，心里顿时有一种被轻慢的感觉，认为此人太不够朋友，小坐片刻便借故离去。他愤然决心再不与之交往。后来才知道，此人并非针对哪个人。他再一想，自己并未与人家有过深交，自感冷落不过是自作多情罢了。于是，又改变了想法，并采取主动姿态与之交往，反而加深了了解，促进了友谊。

对于无意性冷遇，应理解和宽恕。在交际场上，有时人多，主人难免照应不周，特别是各类、各层次人员同席时，出现顾此失彼的情形是常见的。这时，照顾不到的人就会产生被冷落的感觉。

当你遇到这种情况，千万不要责怪对方，更不应拂袖而去，而应设身处地为对方着想，给予充分理解和体谅。

比如，有位司机开车送人去做客，主人热情地把坐车的迎进，却把司机给忘了。开始司机有些生气，继而一想，在这样闹哄哄的场合下，主人疏忽是难免的，并不是有意看低自己，冷落自己。这样一想气也就消了，他悄悄地把车开到街上吃了饭。

等主人突然想起司机时，他已经吃了饭且又把车停在门外了。主人感到过意不去，一再检讨。见状，司机连说自己不习惯大场合，且胃口不好，不能喝酒。这种大度和为主人着想的精神使主人很感动。事后，主人又专门请司机来家做客，从此两人关系更密切了。

司机的这种态度引起的震撼会比责备强烈得多，同时还能感召对方改变态度，用实际行动纠正过失，使彼此关系得到发展。

对于有意性冷遇，也要具体情况具体分析，给予恰当处理。一般来说，在这种情况下，予以必要的回击既是维护自尊的需要，也是刺激对方、批判错误的正当行为。当然，回击并不一定非得是面对面地对骂不可，理智的回敬是最理想的方法。

有这样一个例子：

有一天，纳斯列金穿着旧衣服去参加宴会。他走进门后，没人理睬他，更没人给他安排座位。于是，他回到家里，把最好的衣服穿起来，又来到宴会上。主人马上走过来迎接他，给他安排了一个好位子，为他摆了最好的菜。

纳斯列金把他的外套脱下来，放在餐桌上说："外衣，吃吧。"

主人感到奇怪，问："你干什么？"

他答道："我在招待我的外衣吃东西。这酒和菜不是给衣服吃的吗？"

主人脸唰地红了，纳斯列金巧妙地把窘迫还给了冷落他的主人。

还有一种方式，就是对有意冷落自己的行为持满不在乎的态度，以此自我解脱。有时候，对方冷落你是为了激怒你，使你远离他，而远离又不是你的意愿和选择。这时，聪明的人会采取不在意的态度，"厚脸皮"地面对冷落，我行我素，以热报冷，以有礼对无礼，从而使对方改变态度。

不被拒绝的6个诀窍

当你满怀希望地向他人提出要求时，却当场遭到对方的拒绝，那场面是很令人难堪的。这种被拒绝而产生的尴尬往往会使人感到心冷、失落、心理失衡，甚至出现不正常心理，比如，记恨或报复的心理，因而影响彼此之间的关系。

在现实生活中，造成尴尬的原因很多，有些是无法预见、难以避免的，但有些却是可以通过自己的努力加以避免的。从交际的角度来看，避免尴尬也是交际能力的组成部分；懂得并力争避免不必要的尴尬场面的出现，是每一个交际者都应该掌握的。

首先，在参与交际活动之前，要对交际对象和自己提出的要求及可能被满足的程度有基本的估计，起码要估计如下三个方面情况。

一是看自己提出的要求是否超出了对方的承受能力。如果要求太高，脱离实际，对方无力满足，这样的要求最好不要提出。否则，必然会自找难堪。

二是看对方的人品和与自己关系的性质、程度。如果对方并非乐善好施之人，即使你提出的要求并不高，对方也会加以拒绝。对于这种人最好不要提出要求，不然也会自寻尴尬。此外，还要看彼此关系的深浅，有时自己与人家并没有多少交情就提出很高的要求，碰壁的可能性就会很大。

三是看你提出的要求是否合理合法。如果所提要求违及政策规定，人家是会拒绝的，最好免开尊口。

在进行求助性交际活动前，需要先做上述估计，然后再决定如何提出自己的要求，一般来说这样做是可以避免很多尴尬场面出现的。

其次，要学会交际的试探技巧。人际交往的情况是很复杂的。有时，即使你事先做了充分估计，也难免遭遇意外，或出现估计失当的情况。这样，尴尬场面仍然可能降临到你的头上。在这种情况下，如何避免出现令人难堪的局面呢？运用必要的试探方法就成了交际临场时避免尴尬的选择了。常见的方法如下。

1. 顺便提出法

有时提出问题并不用郑重其事的方式。因为这种方式显得过分重视，一旦被否定，自己会感到下不来台。如果在执行某一交际任务过程中，利用适当时机，顺便提出自己的问题，那么，即使被拒绝也不会觉得难堪。

比如，某业务员在与某厂长谈判，谈判告一段落时，向对方提出一个问题，说："顺便问一句，你们厂要不要人？我有个同事想到你们这里来工作。"厂长说："我们厂的效益不错，想来的人很多。可是目前我们一个人也没有进。""噢，是这样。"在对方的否定答复面前，他一点儿也没有感到尴尬，但是已达到了试探的目的。

再如，小赵随同厂长去拜访一位有名望的书法家，在谈完正事之后，小赵乘机说："万老，我很喜欢您的字，如果您在百忙中能给我写一幅，那就太好了。"万老说："近来我身体不太好，以后再说吧！"显然，这是在拒绝，但是，由于是顺便提出的要求，小赵并不感到尴尬。

实际上在很多情况下，顺便提出的问题往往是自己要说的真正意图，但是，由于使用这种轻描淡写方式顺便一说，就使自己变得更主动一些，有退路可走，可以有效地防止因对方否定而造成的心理失衡。

2. 自我否定法

自己对所提问题拿不准，如果直截了当地提出来恐怕失言，造成尴尬，这时，就可以使用既提出问题，同时又自我否定的方式进行试探。这样，在自我否定的意见中就隐含了两种可供对方的选择，而对方的任何选择都不会使你感到不安和尴尬。

比如，有一位年轻作者在某刊物上发表了两篇小小说，可是收到相当于一篇的稿费，他想这一定是编辑部弄错了，可是又没有把握。他担心直接提出来的话，如果是自己弄错了，被顶回来那就太尴尬了。于是，他这样提出问题："编辑先生，我最近收了20元稿费，这一期刊登了我两篇稿子，不知是一篇还是两篇的稿费？如果是两篇的那就是我搞错了。"对方立即查了一下，抱歉地说是他们搞错了，当即给予补偿。这位作者是用了一些心思的，他把两种可能同时提出，而且把自己的想法作为否定的意见提出。这样即使自己搞错被对方否定，也因自己有言在先而不会使自己难堪。

3. 开玩笑法

有时还可以把本来应郑重其事提出的问题用开玩笑的口气说出来，如果对方给予否定，便可把这个问题归结为开玩笑。这样既可达到试探的目的，又可在一笑之中化解尴尬，维护自己的尊严。

4. 投石问路法

当你有具体想法时，并不直接提出，而是先提一个与自己本意相关的问题，请对方回答，如果从其答案中自己已经得出否定性的判断，那就不要再提出自己原定的要求想法，这样可以避免尴尬。比如，有个女青年买了块布料，拿回家后看到售货员找的钱不对。但是，又没有把握是人家错了，于是她找了回去，问道："小姐，这种布多少钱一米？"对方答后，她立即明白是自己算错了，说了句"谢谢"，满意地离开了商店。

这个事例告诉我们，当自己拿不准的时候，不要武断地否定对方，最好使用投石问路法，先摸情况再决定下一步行动不迟。有些人不是这样，他们处理问题易于冲动，情况没有搞清，就向人提出挑战，结果是自己错了，使自己陷入窘境。

5. 打电话法

打电话提出自己的要求与当面提出有所不同，由于彼此只能听到声音而不见面，即使被对方否定，刺激性也较小，比当面被否定更易接受。

6. 声东击西法

当你想提一个要求时，可以先提出一个与此同属一类的问题，试探对方的态度。如果得到肯定的信息时，便可以进一步提出自己的要求；如果对方的态度是明确的否定，那就免开尊口，以免遭到拒绝出现尴尬。

比如，有一位干部打算调离本单位，但又担心领导当场给予否定，或给领导留下坏印象，以后不好工作。于是，他这样提出问题："书记，咱们单位有的青年干部想挪挪窝儿，您觉得怎么样？"书记说："人才流动我是赞成的。"他见书记态度还可以，于是进一步说道："如果这个人是我呢？""那也不拦，只要有地方去。"这样他摸到了领导的态度，不久，他正式向领导提出了调动的申请。用声东击西法进行试探，其好处是可进可退，进退自如，在交际中有广泛的用途。

最后需要提出的是，避免出现尴尬并不是我们的最终目的，它不过是为了保护自己的自尊和面子所采取的一种策略性手段。然而，我们不能仅仅满足于此，应更多地研究一些在被对方否定的情况下如何运用交际的技巧扭转败局，争取最后的胜利的方法。

如何应对托你办事的人

每个人在工作和生活上难免都会有托人办事的时候，同样的，别人也会托你办事。高明的人会诚恳地给予别人善意与帮助，同时也使自己快乐和充实；自私的人却无视这一点，只知道拼命而冷漠地从别人那里为自己索取和争夺。事实上，没有什么比帮别人办事更能表现一个人宽广的胸怀和慷慨的气度了。对一个失意的人说一句鼓励的话，扶起一个跌倒的人，给予一个沮丧的人一份真挚的鼓励……你一点儿损失也没有，但对一个需要帮助的人来说，却是莫大的慷慨。

对于一个身陷困境的穷人，一点点钱便可以使他不饿肚子；对于一个执迷不悟的浪子，一次诚恳的交心便可能使他建立起做人的尊严与自信……

所以不要吝于帮助他人。同事、朋友求助，也许只是暂时占去了你的时间，从长远看可能并不会对你造成任何损失；由于你帮助了别人，方便了别人，因而获得了良好的人际关系，这种美好的效应或许你一时无法明显地感觉到，但是如果你经常给人方便，常替别人分忧解愁，帮助别人，日积月累，你将会结下许多善缘。

此外，注意不要急着讨人情。生活中经常会见到这样的人，帮了别人一点儿忙，就觉得自己有恩于人，于是心怀优越感，高高在上，不可一世，这种态度常常会引发负面的效应。帮了别人的忙，却无法增加自己人情账户的收入，就是因为这种骄傲得意的态度，把这笔账给抵消了。

总之，帮别人忙时应该注意下列事项：第一，不要使对方觉得接受你的帮助是一种负担；第二，要自自然然，也许在当时对方或许无法强烈感受到，但是日子越久越体会出你对他的关心，能够做到这一步是最理想的；第三，帮别人忙时高高兴兴的，不可以心不甘、情不愿。

如果对方也是一个能为别人考虑的人，你为他帮忙的种种好处，绝不会像射出去的箭一去不回，他一定会用别的方式来回报你。对于这种知恩图报的人，应该经常给他一些帮助。

总之，人情往来，帮忙是相互的，切不可像做生意一样赤裸裸地充满铜臭气，一口一个"你帮了我的忙，下次我一定帮你"，这类话忽视了感情的交往，会让人兴味索然，彼此的交情也维持不了多长时间。

第四章　用幽默感为影响力加分

马克·吐温曾经说："让我们努力生活，多给别人一些欢乐。这样，我们死的时候，连殡仪馆的人都会感到惋惜。"马克·吐温的话既有幽默感，又富有哲理。

有人说：笑是两个人之间最短的距离。会心一笑，可以消除心与心之间的戒备；超然一笑，可以化解人与人之间的隔膜；开怀一笑，可以放松身心——这就是幽默谈吐在人际交往中的巨大作用。一个具有幽默感的人，能时时发掘事情有趣的一面，并欣赏生活中轻松的一面，建立起自己独特的风格和幽默的生活态度。这样的人，容易令人想去接近；这样的人，使接近他的人也分享到轻松愉悦；这样的人，更能增添人生的光彩，更能丰富我们生活的这个社会，使生活更具魅力，更富艺术。

幽默与笑声密不可分

所谓"人人都喜欢笑容"，包含了两层意思。第一层意思是喜欢看到别人脸上的笑容，那笑容是友好的象征，谁不希望别人对自己友好？第二层意思是希望自己脸上多些笑容，谁不喜欢自己开心？

美国一家著名时装公司的企业家史度菲说："世界上最美妙的声音就是笑声。它比任何音乐或娓娓悄语都美妙。谁能使他的朋友、同事、顾客、亲人们发出笑声，那么，他就是在弹奏无与伦比的音乐。"

在一列快速行进的地铁车厢里，某人客气地弯腰对身旁的一位年轻时髦的女士说："车厢真黑，请允许我为您找扶手吊带吧！"

"不客气！"那位女士冷冰冰地说，"我已经有扶手吊带了。"

"那么，请您放开我的领带吧！？"这个人气喘吁吁地说。

关于上班族上下班的挤车的幽默着实不少。特别是早上上班的高峰期，车里的人希望车外的人不要再进来，好快点开车；车外的人却拼了老命也要挤进去，以免上班迟到。挤呀挤的，车门面前是一片人海，公交车经常因无法关门只得等候。如果恰逢炎热的夏天，车里车外的人心里难免更加烦躁。因此，我们经常可以见到拥挤的公交车出现乘客之间的纠纷。

有这么一位瘦瘦的老兄，在早班车车上被挤得实在无奈，可是早上急着上班的人还是拼命地往沙丁鱼似的车厢里挤。汽车迟迟不能开动，车里的人开始对车门口阻碍关车门的人有意见了，而车门口的人也自然有他们自己的理由。眼看双方的言辞开始有了火药味，这位瘦瘦的老兄忍不住大叫："别挤啦，再挤我就成了相片啦！"就这一句话，引起了大家的会心一笑。伴随着笑声，车里的人的气消了不少，车门口坚持要挤进来的人也下了车等下一趟。

一张笑脸是如此可爱，能使人联想到盛开的鲜花与火红的朝阳，它可以带给人们温馨和美的感受。笑可以使男人变得亲切，使女人更加妩媚。笑的魅力诱人，在日常生活中不可或缺，就如同世界不能没有阳光一样。

幽默似乎注定与笑声不可分离。在生活中，我们经常会笑，幽默就是一种逗我们快乐的方法。笑是人的一种本能，但人却不会时时刻刻都能笑，想笑，要笑，笑是在一定条件的作用下才会发生的。幽默会引人发笑，所以，有人把幽默当成"善意的微笑"，以笑"为审美特征"，还有人把幽默奉为"引发笑声的艺术"，故而特别受到人们的注意。

人们的笑，可按照笑时的表情分为多种多样。幽默可以使人发出轻松的微笑、快乐的大笑，也可以引起人们的冷笑、嘲笑或似发疯的狂笑，等等。但笑并不是幽默的唯一目的，而在于人们笑过之后所得到的融洽，也就是说幽默的价值在于笑的背后。

幽默是一种有趣或可笑而意味深长的社交方式。幽默大师说："幽默是一种常常使人开怀畅笑，而自己也乐在其中，享受轻松的快感。"在生活中，幽默也是一种洒脱、积极、豁达、机智、诙谐的人生态度。

在现代社会生活中，各种以娱乐活动为目的的集体或是出于兴趣、爱好而组成的团体，成了现代社会中人们相聚，彼此沟通、互相满足的小社会。在这些社团中，不论是普通成员还是核心人物，都能从幽默的力量中深受益处，也能以自己的幽默感赢得大家的欢迎。

总之，幽默是社交成功的法宝。运用幽默的力量，我们就能通过成功的社交，走上成功的道路。

幽默可以广结良缘

俗话说：在家靠父母，出门靠朋友。能够多交一些朋友，常与朋友交谈、聊天，就会心胸开阔，信息灵通，心情开朗；也能取人之长，补己之短。遇到烦恼的事情，朋友可以安慰你；遇到什么难题，朋友可以帮你出主意；有什么苦衷，也可以向朋友倾诉一番；遇到什么喜事和值得高兴的事，可以和朋友说说，分享快乐。

交友难，其实难就难在交友的方法上，幽默交友不失为一种有效的方法。陌生的朋友见面，如果幽默一点儿，气氛将变得活跃，交流会更顺畅，这将为今后更紧密的关系打下良好的基础。

著名国画大师张大千与著名京剧艺术大师梅兰芳神交已久，相互敬慕。在一次张大千举行的送行宴会上，张大千向梅兰芳敬酒，出其不意地说：

"梅先生，您是君子，我是小人，我先敬您一杯！"

众人先是一愣，梅兰芳也不解其意，忙问："此语做何解释？"

张大千朗声答道："您是君子——动口；我是小人——动手！"

张大千机智幽默，一语双关，引来满堂喝彩，梅兰芳更是乐不可支，把酒一饮而尽。

大多数人都有广交朋友的心，苦的是没有行之有效的方法，如果我们能像张大千一样，注意感受生活，勤于思考，有一天我们也会变得和他一样幽默风趣，到那时候，对我们来说世界就不再是陌生的了，因为陌生人也会乐意成为我们的朋友。

新朋友之间可以幽默，老朋友之间更不必拘泥古板，只要"幽"得开心，"默"得可乐就可以了。

法国作家小仲马有个朋友的剧本上演了，朋友邀小仲马同去观看。小仲马坐在最前面，总是回头数："一个，两个，三个……"

"你在干什么？"朋友问。

"我在替你数打瞌睡的人。"小仲马风趣地说。

后来，小仲马的《茶花女》公演了。他便邀朋友同来看自己剧本的演出。这次，那个朋友也回过头来找打瞌睡的人，好不容易终于也找到一个，说："今晚也有人打瞌睡呀！"

小仲马看了看打瞌睡的人，说："你不认识这个人吗？他是上一次看你的戏睡着的，至今还没醒呢！"

小仲马与朋友之间的幽默是建立在一种真诚的友谊的基础之上的，丢掉虚假的客套更能增进朋友之间的友谊。可见，交朋友要以诚为本。朋友之间要以诚相待，互相关心，互相尊重，互相帮助，互相理解。爱人者人恒爱之；敬人者人恒敬之。关心别人，才会得到别人的关心；尊重别人，才会得到别人的尊重；帮助别人，才会得到别人的帮助；理解别人，才能得到别人的理解。

掌握了幽默的交友技巧，我们的朋友就会遍布天下，陌生人会变成新朋友，更多的新朋友将变成老朋友。面对老朋友，我们将是没有隔膜，无话不谈了：过去的趣事、将来的打算、工作中的得意、家庭里的烦恼都可和朋友一起分享。

构成影响力的重要因素是幽默

影响力，通俗地解释就是影响他人的能力。用督战队强迫战士上前线，督战队是一种影响力；用崇高的使命吸引战士上战场，使命是一种影响力。这两种影响力一种来自于外部，一种发自于内心，谁强谁弱，一目了然。

构成一个人的影响力的因素很多，其中幽默是一个不可忽视的组成。据说在第二次世界大战前，美国国会议员因为军方提出的B12轰炸机研制计划而争论不休，支持该项计划的罗斯福总统为了说服议员费了很多口舌，还是没有多少效果。眼看这项议案就要流产了，情急之中的罗斯福不再用严密理性的说辞来做工作，他说："说实在的，对于B12轰炸机我们都不是特别了解，但我想，B12是人体不可缺少的维生素；既然现在军方需要B12轰炸机，我想对于他们来说一定是不可缺少的。"结果，这项议案居然通过。而B12轰炸机在后来的第二次世界大战中可谓战功赫赫。一般来说，在国会议案的讨论中，大家都是一些讲究理性、逻辑的人，坐在一起摆事实，讲道理，一切靠事实与道理说话。但罗斯福却反其道而行，用幽默轻松地转变了一些人的态度。也许将部分议员改变立场单纯归功于罗斯福幽默的类比是不严肃的，但罗斯福的幽默在一定程度上缓和了当事双方阵营的火药味，对立的缓和有助于平和理性地去理解对方的意见和观点，而不至于跌入情绪化的为反对而反对的泥坑。

在现代人的生活中，一般人的生活形式是固定不变或在一段时期内固定不变的。所以，无论你是已经有一定影响的人，或者是想成为有一定影响的人，你都不能忽视幽默作为影响力的作用。如对于工厂工人来说，上班，进车间，下班，回家——周而复始；除非他坐进办公室或换一种工种，才会引起变化。但变化之后，随之而来的又是不变。这就是现代人普遍认为生活沉闷的外在原因。在这种总的生活形态背景下，人们不得不寻求变，以摆脱沉闷感，如满足食欲、情感需要、进行社交、寻找娱乐等。除此之外，对生活形态进行改造的另一好方法是培养和发挥幽默感。幽默感会制造不变中的变，使人把枯燥的工作看得有趣、轻松起来，从而不再感到沉闷。可以想见，充满欢笑的劳作不是折磨，而是一种愉快的运动。

一个具有幽默感的人，他的幽默语言和行为会一传十、十传百，成倍地扩展。如果幽默的语言行为中有他的思想、观点，那么，就会有很多人来传播他的思想、观点，所要传达的信息也随即被他人了解。无论他人是反对还是支持，至少他已了解了你的想法，于是你的影响便由此而产生。小说作家慕容雪村于2003年在网络上发表一篇1万多字的长帖，名为《做爱的经济学分析》，从经济学的角度，用理性的语言与专业的词汇分析了男女之间这个感性的问题，虽通篇谈男女之事，但干净得很，构思别开生面、行文幽默诙谐，一举成为网络上的热帖，令其影响力剧增。用百度检索该文，目前显示条目达8810篇，可见其传播之广。限于篇幅与版权问题，编者在此不做"转贴"，有心欣赏者自己可以去网络搜寻阅读。近年来慕容雪村的影响力剧升，将功劳记在这个网络强帖上显然很是牵强，但该贴在帮助他提高人气与知名度上是立下了不小功劳的。

幽默感让社交气氛更活跃

都市紧张的生活节奏，使"相亲"这一曾受时尚青年唾弃的古老恋爱方式重焕生机。这不，一对大龄青年相约在一家咖啡厅里相亲。

在等待咖啡端上来的时间，双方之间出现了短暂沉默。这时，男的问："你搅拌咖啡的时候用右手还是左手？"

女的答："右手。"

男的说："哦，你好厉害哦，不怕烫，像我都用汤匙的。"

一句玩笑，场面顿时活跃起来了。他们两个因初次见面而拘谨的人，开始健谈起来……

当气氛陷入呆滞时，生涩的沟通链条上适用的最佳润滑剂叫"幽默"。幽默是活跃谈话气氛的法宝，它能博得众人的欢笑。人们在捧腹大笑之际，超脱了习惯、规则的界限，享受不受束缚的"自由"和解除规律的"轻松"，接下来的沟通自然会轻松愉快。

很多时候，那些毕恭毕敬的夫妻未必就没有矛盾，而平日吵吵闹闹的恋人可能会更亲热。社交也是如此，若彼此谈得开心，开句玩笑，互相攻击几句，打一拳、拍两下，反倒显得亲密无间、无拘无束。

和朋友久别重逢后不免寒暄一番，你完全可以借此幽默一把。例如见到一个戴了帽子的朋友，你可以用羡慕的口气对他说："老兄你真的是帽子向前，不比往年啊。"轻松幽默的高帽子立马使整个气氛变得异常活跃，友情会加深一层。

社交需要庄重，但长时间保持庄重气氛就会使人精神紧张。寓庄于谐的交谈方式比较自由也比较轻松，在许多场合都可以使用。用幽默、诙谐的语言，同样可以表达较重要的内容。

在陌生的场合登台，或在人多的场合演讲，也是考验一个人口才的时候。

启功先生是个幽默风趣的人，平时爱开玩笑，他当老师时，给新生们说的第一句话常常是："本人是满族，过去叫胡人，因此在下所讲，全是胡言。"引起笑声一片。他的老本家、著名作家、翻译家胡愈之先生，也偶尔到大学客串讲课，开场白就说："我姓胡，虽然写过一些书，但都是胡写；出版过不少书，那是胡出；至于翻译的外国书，更是胡翻。"几句"胡话"，就将课堂气氛搞活、师生关系拉近。

社交需要庄重，但长时间保持庄重气氛就会使人精神紧张。寓庄于谐的交谈方式比较自由也比较轻松，在许多场合都可以使用。

美国人柯林斯是第一批登陆月球的航天员之一，有一次参加一个私人餐会。酒足饭饱之余，大伙儿起哄要求作为名人的他进行即席演说。柯林斯推却不过，只得站起身来，高举双手让大家安静下来，随即便开口问道："我想提出一个老问题，究竟谁比较话多？是女人，还是男人？"

由于美国人有携伴参加晚宴的礼节习惯，餐会中的宾客们，在柯林斯的问题提出来之后，所有人立刻分成两派，两边的人数居然不相上下。认为男人话多的，清一色全都是女人；而认为女人话多的全数都是男人。

柯林斯满意地看了看两边的男男女女，继续他的话题："根据社会行为学专家的研究证实，女人平均一天说大约28000个字；而男人一天当中，则说33000个字。所以，按照科学的观点来看，应该是男人比较长舌。"宴会中马上传出一片嘈杂的嗡嗡声，女人们得意地向她们的男伴示威，而男性则对柯林斯发出不平之鸣。

柯林斯又再次挥了挥手，等众人平静下来之后，他继续道："这当中的问题是，每天当我在外面工作时，将配额内的33000字基本用完了。下班回到家里时，我太太的那28000个字，却才刚要开始。"众人随着柯林斯的话沉寂了不到半秒钟，马上爆出一阵热烈的掌声及喝彩。看来，似乎每个人都对这样的结果满意到了极点。

此外，在交谈中，不时穿插一些意想不到的、貌似荒谬而实则有意义的问题，是很好的一种活跃气氛的形式。

一群闺中密友聚会，叽叽喳喳，谈到了找对象的问题。刘妹妹问吴妹妹："你愿意嫁给一个有钱但丑的富公子，还是嫁给一个很帅却没钱的英俊哥？"这类问题其实没多大的意义，但女人们似乎都喜欢探讨。吴妹妹的回答很风趣："我白天在富公子家生活，晚上到英俊哥家住宿。"

那些一本正经的人会给人古板、单调、乏味的感觉，也会把交谈变得索然无味。也许会有人时常问你一些荒谬的问题，如果你直斥对方荒谬，或不屑一顾，不仅会破坏交谈气氛、人际关系，而且会被认为缺乏幽默感。

幽默地表达不满能避免冲突

如果你在餐厅点了一杯啤酒，却赫然发现啤酒中有一只苍蝇，你会怎么办？在你回答之前，让我们看看别人是怎么办的。英国人会以绅士的态度吩咐侍者："请换一杯啤酒，谢谢！"西班牙人不去喝它，留下钞票后不声不响地离开餐厅。日本人令侍者去叫餐厅经理来训斥一番："你们就是这样做生意的吗？"沙特阿拉伯人则会把侍者叫来，把啤酒递给他，然后说："我请你喝杯啤酒。"德国人会拍下照片，并将苍蝇委托权威机构做细菌化验，以决定是否将餐馆主人告上法庭。美国人则会向侍者说："以后请将啤酒和苍蝇分别放置，由喜欢苍蝇的客人自行将苍蝇放进啤酒里，你觉得怎么样？"美国人的这种处理方式既幽默，又能达到让人接受的目的。

一位顾客在某餐馆就餐。他发现服务员送来的一盘鸡居然缺了两只大腿。他马上问道："上帝！这只鸡连腿也没有，怎么会跑到这儿来呢？"

一位车技不高的小伙子，骑单车时见前边有个过马路的人，连声喊道："别动！别动！"

那人站住了，但还是被骑车的小伙子撞倒了。

小伙子扶起不幸的人，连连道歉。那人却幽默地说："原来你刚才叫我别动是为了瞄准呀！"

幽默并不是回避、无视生活中出现的矛盾，而是以幽默的方式展示一种温和的批评。设身处地地想想，在餐厅点的啤酒里有苍蝇，要的鸡全是骨头，走路无辜被骑车人撞倒，你还有心思开玩笑吗？

这修养，不知要多少年的火候才能修炼出来。由于有了幽默、洒脱的态度，生活中许多尖锐的矛盾，并不需要大动干戈就能得到解决。

男女朝夕相处，天天锅碗瓢盆，始终举案齐眉、相敬如宾反而是一种不正常的现象，有人戏称之为"冷暴力"。小吵小闹有时反会拉近夫妻间的距离，同时也能使内心的不满得以宣泄，如果再佐之以幽默、机智的调侃，无疑会使夫妻双方得到一次心灵的净化，保证了家庭生活的正常运行，请看下面这几对夫妻的幽默故事。

驾车外出途中，一对夫妻吵了一架，谁都不愿意先开口说话。最后丈夫望着不说话的妻子，指着远处一头驴子说："你不说话，难道和它是亲戚关系吗？"妻子答道："是的，夫妻关系。"

丈夫本来想把不会说话的驴子和不愿说话的妻子拉扯到一起，既调侃了妻子，又打破沉默的气氛。但想不到妻子更加厉害，一句妙语把丈夫的话挡了回去，玩了一个更大的幽默。这样聪明幽默的夫妻，即使吵架也不会吵得打架上吊。

妻子临睡前的絮絮叨叨总是令老王十分不快。有一天夜里，妻子又絮叨了一阵后，说："家里的窗门都关上了吗？"老王回答："老婆子，除了你的话匣子外，该关的都关了。"

以上两则故事中的夫妻幽默均恰到好处地表达了自己怨而不怒的情绪。有丈夫对妻子缺点的讽刺，但其幽默的答辩均不至于使对方恼羞成怒。如妻子用夫妻关系回敬丈夫也是一头驴，丈夫用巧言指责妻子絮叨，这些幽默的话语听上去自然天成，又诙谐有趣。这些矛盾同样有可能发生在我们每一个家庭之中，有时却往往因为两三句出言不逊的气话而使矛盾激化。

敌意可以用幽默回击

做人要力避树敌，但一个有才能的人是避免不了有或多或少的反对者。正所谓"木秀于林，风必摧之"。如何面对反对者充满敌意的进攻？

有一次，温斯顿·丘吉尔的政治对手阿斯特夫人对他说："温斯顿，如果你是我丈夫，我会把毒药放进你的咖啡里。"

丘吉尔哈哈一笑之后，严肃而又认真地盯着对方的眼睛说："夫人，如果我是你的丈夫，我就会毫不犹豫地把那杯咖啡喝下去。"

阿斯特夫人的进攻是如此咄咄逼人，丘吉尔若不回击未免显出自己的软弱，而回击不慎却可能导致一场毫无水准的"泼妇骂街"。丘吉尔毕竟是丘吉尔，一记顺水推舟的幽默重拳，打得飞扬跋扈的阿斯特夫人满地找牙却无从回手！

民主党候选人约翰·亚当斯在竞选美国总统时，遭到共和党污蔑，说他曾派其竞选伙伴平克尼将军到英国去挑选四个美女做情妇，两个给平克尼，两个留给自己。约翰·亚当斯听后哈哈大笑，马上回击："假如这是真的，那平克尼将军肯定是瞒着我，全都独吞了！"

约翰·亚当斯最后当选，成为美国历史上的第二任总统。亚当斯的胜利当然不应全归功于幽默，但却不能否认幽默魅力的功用。

几乎人人都有遭受冷箭伤害、谣言中伤的经历。放冷箭、造谣言的成本极低，杀伤力却极大。加上"好事不出门，坏事传千里"的传播学原理，一旦处理不当，便会对被诋毁者造成极大的不利局面。试想一下，如果亚当斯听到攻击之后气急败坏、暴跳如雷、脸红脖粗，或辱骂共和党的卑鄙中伤，或对天发誓："若有此等丑闻，天打雷劈！"这样地抓狂，不仅有失一个总统候选人的风度与理智，也有可能陷入无聊无趣又无休止的辩论泥潭之中——何况真理是越辩越明还是越描越"黑"都有待商榷。

在冷箭的包围中、谣言的旋涡里，如何从容脱身，实在是一门大学问。置身此类局面下的人，不妨运用幽默的武器，以四两拨千斤的姿态，或许可以潇洒地把对方打个四脚朝天。

　　有一次，诗人马雅可夫斯基在大会上演讲，他的演讲尖锐、幽默，锋芒毕露，妙趣横生。忽然有人喊道："您讲的笑话我不懂！""您莫非是长颈鹿！"马雅可夫斯基感叹道，"只有长颈鹿才可能星期一浸湿的脚，到星期六才能感觉到呢！"

　　"我应当提醒你，马雅可夫斯基同志，"一个矮肥子挤到主席台上嚷道，"拿破仑有一句名言：'从伟大到可笑，只有一步之差'！""不错，从伟大到可笑，只有一步之差。"马雅可夫斯基边说边用手指着自己和那个人。

　　马雅可夫斯基接着开始回答台下递上来的条子上的问题：

　　"马雅可夫斯基，您今天晚上得了多少钱？""这与您有何相干？您反正是分文不掏的，我还不打算与任何人分哪！"

　　"您的诗太骇人听闻了，这些诗是短命的，明天就会完蛋，您本人也会被忘却，您不会成为不朽的人。""请您过一千年再来，到那时我们再谈吧！"

　　"你说应当把沾满'尘土'的传统和习惯从自己身上洗掉，那么您既然需要洗脸，这就是说，您也是肮脏的了。""那么您不洗脸，您就自以为是干净的吗？"

　　"马雅可夫斯基，您为什么手上戴戒指？这对您很不合适。""照您说，我不应该戴在手上，而应该戴在鼻子上喽！"

　　"马雅可夫斯基，您的诗不能使人沸腾，不能使人燃烧，不能感染人。""我的诗不是大海，不是火炉，不是鼠疫。"

　　马雅可夫斯基在别人的攻击与诋毁之下，丝毫不乱阵脚，举起幽默的宝剑将那些来自四面八方的冷箭干净利落地斩断。

　　这就是幽默的力量。它能让一个人面对谩骂、诋毁与侮辱时，毫发不损地保全自己。

　　我们什么时候看到过富有幽默感的人在交流或论辩中被动过？即使是身处完全不讲理的险恶境地，他们也能以自己高超的幽默腾挪闪打、游刃有余。

最后，编者要提醒大家注意的是：幽默的用心是爱，而不是恨。林语堂先生说过：幽默之同情，这是幽默与嘲讽之所以不同，而尤其是我热心提倡幽默而不很热心提倡嘲讽之缘故。幽默绝不是板起面孔来专门挑剔人家，专门说俏皮、奚落、挖苦、刻薄人家的话。

巧借幽默摆脱尴尬

小李走在街上，看见前面有个人很像他的朋友，上前重重拍了一下他的肩膀，才发现自己认错了。

"对不起，我以为你是我的朋友老王。"小李不好意思地说。

"即使我是老王，你也不该拍得那么重呀！"那人摸着生痛的肩膀咕哝道。

"这话就不对了，我拍老王一下，轻重跟你有什么相干呢！"小李见对方有些生气，忍不住幽默了一下。果然，对方哈哈大笑，然后各自走路。

小李因为误会错拍了对方，连忙道歉，这本身并不无幽默之处，幽默之处就在于他巧借了对方的一声埋怨当前提形成与常理的强烈反差。实际上，小李事先承认自己拍错人了，但听到对方的抱怨之后便转口否认了这点，所以他最终反而声称自己拍的是老王，而不是别人，面对这样一个幽默的人，对方还能发作得起来吗？

尴尬在笑声中冰释，皆大欢喜的结局对谁都没有坏处。带着微笑看人生，人生的苦恼不是会减少许多吗？

张经理中年谢顶，在一次重要酒会上，他所宴请的客户方的一个小伙子在敬酒时不小心洒了一点儿啤酒在张经理头上，张经理望着惊慌的小伙子，用手拍了拍对方的肩膀说："小老弟，用啤酒治疗谢顶的方子我实验过很多次了，没有书上说的那么有效，不过我还是要谢谢你的提醒。"

全场顿时爆发出了笑声。人们紧绷的心弦松弛下来了，张经理也因他的大度和幽默而颇得客户方的赞许。张经理用他的幽默，巧妙地处理了宴会中的杂音，完成了既定的目标。

马克·吐温心不在焉的毛病是很出名的。有一天，马克·吐温外出乘车。当列车员检查车票时，马克·吐温翻遍了每个衣袋，都没有找到。

这个列车员认识他，就对马克·吐温说："没有什么大关系，如果实在找不到，就补一张吧。"

"补一张？说得轻巧！如果我找不到那张该死的车票，我怎么知道我要到哪儿去呢！"

马克·吐温的一席话，既活跃了气氛，又为自己找不到车票做了一个巧妙而又合理的解释：是健忘而非故意逃票。

有一位女歌手举办个人演唱会，事前举办方做了大量的宣传，但到了演出的那天晚上，到场的观众不到一半。女歌手没有面露失望的表现，相反，她镇定地走向观众，拿起话筒，面带微笑地说道："我发现这个城市的经济发展迅速，大家手里都很有钱，今天到场的观众朋友每人都买了两三张票。"全场爆发出了热烈的掌声。第二天的许多媒体娱乐版的报道，也纷纷为这位歌手的豁达和幽默叫好，为原本陷入尴尬的女歌手树立了良好的形象。

无独有偶。一位著名的歌手参加一个大型的露天晚会。她在走上舞台时，不慎踢到台阶突然摔倒。面对这种情况，如果什么也不说就起来，就会给全场观众留下不好的印象，但她急中生智，说道："看来这个舞台不是一般人能来的，门槛真高呀！"大家都笑了，她更是保持了自己的风度，巧妙地借幽默摆脱了尴尬。

谁没有过尴尬的时候呢？面对尴尬，你如何面对呢？这时你一定要镇定机智，千万不能阵脚大乱，要利用自己的聪明才智说上几句幽默的话，帮你走出困境，解除窘相，树立自信。

首先要镇定，千万不要为窘境而惊慌失措。在这样的窘境中，主要是面子上过不去，自尊受到别人的伤害。所以首先要勇敢面对，镇定自若，寻找反击或解脱的方法，打破自己的处境。

其二要对对方的话语或情景分析，迅速地找到受到窘境的原因，然后做出想象的、荒谬的解释，巧妙消除对方的攻击，或对窘迫处境作超常逻辑的解释，并使众人和你一起分享快乐和轻松。

自嘲是不可多得的灵丹妙药

如果说幽默是人头顶上的王冠，那么自嘲就是王冠上镶嵌的明珠。

自嘲也叫自我解嘲，顾名思义就是自己嘲讽自己，自己调侃自己，是主动用针扎破自身气鼓鼓的情绪气球。我们每个人都难免遇到一些难堪的、痛苦的事，如果不知道怎样调节情绪，沉着应对，就容易陷入窘迫的境地，进而让情绪失控而方寸大乱。这时，如果采取恰当的自嘲，不但能让自己在心理上得到安慰，同时还能让别人对你有一个新的认识。

美国一位身材肥胖的女士曾经这样自我解嘲："有一次我穿上白色的泳装在大海里游泳，结果引来了俄罗斯的轰炸机，以为发现了美国的军舰。"引得听众哈哈大笑。这种自揭其短、自废武功的话语，使得大家根本就不会认为她的胖是丑，都将注意力集中在她的风趣上。结果，肥胖不再是她的劣势，反而成为她的特点，使她在社交中游刃有余。

年轻人处世要有大气。所谓大气，就是豁达，就是舍得。不斤斤计较，不过分认真，多想自己的缺点和无能，舍得拿自己开涮。

第二次世界大战期间，美、英、苏三国首脑在德黑兰会谈，气氛非常紧张。丘吉尔是个不拘小节的人。一天开会时，赫鲁晓夫注意到英国外交大臣艾登悄悄递给丘吉尔一张字条，丘吉尔匆匆一瞥，神秘地说："老鹰不会飞出窝的！"并当即将字条放在烟斗上烧了。多年后，赫鲁晓夫访问英国时，好奇地问起了艾登当时究竟写了什么，艾登哈哈大笑："我当时写的字条说：你的裤裆纽扣没扣上。"

在日常生活中，难免会有失礼或难堪的时候，如不知怎样调节情绪，沉着应付，就会陷入窘迫的境地。这时，如采取适当的"自嘲"方法，不但能使自己在心理上得到安慰，而且还能使别人对你有一个新的认识。

邓小平同志个子矮，他幽默地说："天塌下来有大个子顶着。"一语道尽小个子的"优越性"。他的风趣不但使人忘了他个子矮的不足，而且看到了他作为伟人的博大胸怀。鲁迅先生生前饱受迫害，他在《自嘲》诗中写道："运交华盖欲何求，未敢翻身已碰头。"这既是对自己遭遇的诙谐写真，也是投给反动派的标枪。著名漫画家韩羽是秃顶，他写了这样一首《自嘲》诗："眉眼一无可取，嘴巴稀松平常，唯有脑门胆大，敢与日月争光。"读之令人忍俊不禁，使我们想到韩羽先生乐观、大度的处世态度。香港地区有个演员太胖，面对这种"自然灾害"，她不是挖空心思地去减肥，而是任其自然，把精力用在事业上，甚至给自己取艺名为"肥肥"，结果她以自己的才华赢得了观众的认可。

自嘲，貌似糊涂，实则是人生深厚精神底蕴的外在折射。它产生于对人生哲理高度的深刻体察，是既看到自己的不足，又看到自己长处后的一种自信。自嘲，是最为深刻的自我反省，而且是自我反省后精神的超越，显示着灵魂的自由与潇洒。自嘲，标志着一定的精神境界。自嘲，也是缓解心理紧张的良药，它是站在人生之外看人生。自嘲又是一种深刻的平等意识，其基础是，自己也如他人一样，有可以嘲笑的地方。自嘲，还是保持心理平衡的良方，当处于孤立无援或无人能助时，自嘲可以帮自己从精神枷锁中解救出来。

能自嘲的人，起码心胸不会狭窄，提得起，放得下，以一种平常恬静的心态去品味与珍藏生活中的酸甜苦辣，去参透与超越人世间的利禄功名，从而获得潇洒充实的人生。

在大家一片哄笑中，他为自己解了围。在幽默的领域里笑自己是一条不成文的法则，你幽默的目标必须时刻对准你自己。这时，你可以笑自己的观念、遭遇、缺点乃至失误，也可以笑自己狼狈的处境。每一个迈进政界的人都得有随时挨"打"的心理准备，如果缺乏笑自己的能力，那么他最好还是去干其他的事情。

生活中总是有些令人不满意却又一时无法改变的事。改变不了外界，那就改变自己的心境吧。

据说林肯的老婆也是个著名的泼妇，喜欢破口骂人。有一天，一个十二三岁送报的小孩，因为不认识路送报太迟了，遭到林肯太太的百般辱骂。小孩去向报馆老板哭诉，说她不该骂人过甚，以后他再不去那家送报了。这是一个小城，于是老板向林肯提起这件小事。

林肯说："算了吧！我都忍受她十多年了，这小孩才偶然挨一次骂，算什么？"这是林肯的自我解嘲。

自嘲不伤害任何人，因而最为安全。你可用它来活跃气氛，消除紧张；在尴尬中自找台阶，保住面子；在公共场合表现得更有人情味。总之，在社交场合中，自嘲是不可多得的灵丹妙药，别的招不灵时，不妨拿自己来开涮，至少自己骂自己是安全的，除非你指桑骂槐，一般都不会讨人嫌，智者的金科玉律便是：不论你想笑别人怎样，先笑你自己。

人的一生，很难一帆风顺，事事顺意。面对各种缺陷和不快，自卑和唉声叹气固然于事无补，一味地遮掩辩解又会适得其反，最佳的选择恐怕就是幽默的自嘲了。君不见，"光头谐星"凌峰不就是用"长得难看出名"，"使女同胞达到忍无可忍的程度"，这么几句自嘲的话，而令春节联欢晚会上的观众发出会心的微笑，进而接受他、喜爱他的吗？

如何提高幽默水准

幽默有时让人感到神秘。有人想学，却无法学会；有人没怎么学，却脱口而出。于是，有些不够幽默的人便认为：我不幽默，是因为我没有幽默细胞。

幽默细胞是什么呢？毫无疑问，用高倍显微镜来进行物理观察，我们是无法看到一种叫"幽默"的细胞的。这也许能成为幽默非天生的一个论据。下面笔者用人文的视角来分析幽默的构成。

只要我们留心那些幽默感十足的人，就会发现他们的心理素质一般都优于常人，而良好的心理素质也不是天生的，需要后天的锻炼和培养。以幽默口才素质和需要来说，心理素质首先需要自信。一个常常为自己的职业、容貌、服饰、年龄等因素而惴惴不安、自惭形秽的人，如何在适当的场合进行优雅的表演？

安徒生很俭朴，经常戴个老式的帽子在街上行走。有个过路人嘲笑他："你脑袋上边的那个玩意儿是什么？能算是帽子吗？"安徒生干净利落地回敬："你帽子下边的那个玩意儿是什么？能算是脑袋吗？"没有高度的自信，恐怕安徒生早就在他人的取笑中发窘，或者勃然大怒，哪能灵光一现，作一个绝妙的反击？

其次，冷静也是幽默高手的一项心理特质。冷静，是使人们的智慧保持高效和再生的条件。因为只有在头脑冷静的情况下，人们才能迅速认准并抑制引起消极心理的有关因素，同时认准和激发引起积极心理的有关因素。

英国首相威尔逊在一次群众大会上演讲时，反对者在下面鼓噪，其中一人高声大骂："狗屎、垃圾！"面对听众可能产生的误解和骚动，威尔逊首相沉稳地报以宽厚的微笑，非常严肃地举起双手表示赞同，说："这位先生说得好，我们一会儿就要讨论你特别感兴趣的脏乱问题了。"捣乱分子顿时哑口无言，听众则报以热烈的掌声。

再者，乐观是幽默高手具有的另一个重要素质。俄国著名寓言作家克雷洛夫早年生活穷困。他住的是租来的房子，房东要他在房契上写明，一旦失火，烧了房子，他就要赔偿15000卢布。克雷洛夫看了租约，不动声色地在15000后面加了一个零。房东高兴坏了："什么，150000卢布？""是啊！反正一样是赔不起。"克雷洛夫大笑。幽默感的内在构成，是悲感和乐感。悲感，是幽默者的现实感，就是对不协调的现实的正视。乐观，是幽默者对现实的超越感，是一种乐天感。没有幽默感的人不会积极地看待这个世界，不会乐观地看待自己的生活。当然乐观不是盲目的，而是有所依附，是一种透彻之后的豁达。乐观地看待你的生活，幽默自然而生。

良好的心理素质是幽默的根基，幽默的主干是广博的知识。幽默的思维经常是联想性与跳跃性很强，如果不具备广博的知识来支持，你的思维跳来跳去也就那么大的一块地方。因此，提高自己的幽默水准，需要不断地拓展知识门类和视野，提高对事物的认知能力。

有了根基与主干后，幽默要开花结果，还需要一些具体的枝枝叶叶。也就是说，究竟哪些话容易形成幽默，给人带来笑声呢？

首先，奇特的话使人开心而笑。幽默的最简单的表现方法就是令人惊奇地发笑。康德所讲的"从紧张的期待突然转化为虚无"，正是基于幽默的结构常常能造成使人出乎意外的奇因异果。例如，爸爸对儿子说："牛顿坐在苹果树下，忽然有一个苹果掉下，落在他的头上，于是，他发现了万有引力定律。牛顿是个科学家！""可是，爸爸，"儿子从书堆中站了起来，"如果牛顿也像我们这样整天放学了还坐在家里埋头看书，会有苹果掉在他头上吗？"本来爸爸是讲牛顿受苹果落地的启示，但儿子却冷不丁冒出一句含有不应该埋头读书的结论，真是出乎意外，超出常理。儿子的话在逻辑上是不合常理的，但这样的话新奇怪异，使人大大出乎意料，所以能引来别人的笑。相信故事中的爸爸在笑过之后，对于自己的教育方式会有所反思。

幽默就是要能想人之未想，才能出奇致笑。有人说："第一个把女人比喻成花的是智者，第二个把女人比喻成花的是傻瓜。"这句话似乎有点偏激，但新奇、异常的确是幽默构成的一个重要因素。

其次，巧妙的话使人会心而笑。运用幽默的核心是应该有使人赞叹不已的巧思妙想，从而产生令人欣赏的欢笑。俗话说："无巧不成书。"巧可以是客观事实上的巧合，但更多的是主观构思上的巧妙。巧是事物之间的某种联系，没有联系就谈不上巧。如果能在别人没有想到的方面发现或建立某种联系，并顺乎一定的情理，就不能不令人赏心悦目。

比如，某学生的英语读音老是不准，老师批评他说："你是怎么搞的，你怎么一点儿都没进步呢？我在你这个年纪时，已经读得相当准了。"学生回答："老师，我想原因一定是您的老师比我的老师读得好。"

再者，荒诞的话使人会心而笑。幽默的内容往往含有使人忍俊不禁的荒唐言行，从而使人情不自禁地发笑。俗话说："理不歪，笑不来。"荒谬的东西是人们认为明显不应该存在的东西，然而它居然展现在我们面前，不能不激起我们心灵的震荡，发笑。

张三的女儿周岁那天，有上门祝贺的朋友开玩笑说闺女长大了给他儿子做老婆，两家结成儿女亲家算了。指腹为亲在新时代当然已经只是一种玩笑而已，当不得半点真，张三答应下来无伤大雅，粗暴拒绝则有看不起对方之嫌。但张三居然巧妙地拒绝了，他说："不行不行，我女儿才1岁，你儿子就2岁了，整整大了一倍，将来我女儿20岁，你儿子就40岁了，我干吗要找个老女婿！"

风平浪静的水面，投进一块石头，就会一下发出响声。常规思维的心理，被超常的信息搅扰，也会引起心波荡漾、心潮起伏、心花怒放。奇异、巧妙、荒谬就是这种超常的信息，就是幽默之所以致笑的要因，也是我们学会幽默应把握的要诀。

说来说去，幽默其实与人的气质培养类似，而幽默本身也是一种独特的性情气质。如果你知道一个人良好的气质该如何培养，也应该联想到一个人高超的幽默感是如何拥有的。

第五章　交朋友要学会主动出击

在家靠父母，出外靠朋友。事实确实如此，生活在偌大的社会当中，面临着数也数不清的困难，没有一个人可以单枪匹马应付和解决得了，很多时候都需要他人给予援手。特别是志向远大的年轻人，在走南闯北中面临的问题、需要的帮助很多，这时候朋友多的好处就越发显露出来。

朋友对我们来说是如此重要，然而在现实中却常常感觉到真正的朋友不多。现在我们来看看如何交上更加多的朋友吧。美国的一项研究表明，在过去的20年里，美国人的朋友数量大约下降了1/3。这不是说不是我们"认识"的人少了，真正的问题是当我们生病的时候，当我们压力很大时候或者在其他需要朋友帮忙的时候，经常会感觉没有朋友。

在本章，编者将和你一起探讨结交更多高质量朋友的方法。

扩大交际圈的有效方法

扩大交际圈的一个重要途径是参加社会团体。社会团体是由具有相同爱好的人组成的组织，人员较为复杂，见面的机会也很多，不受年龄、层次、工作等条件限制。而且由于具有共同的爱好，彼此之间能够产生话题，所以有些人常常接触过一次就产生了默契。当然，进行心灵上的沟通是必不可少的，这就需要聚会后的联络和交流了。如果双方的价值观相差悬殊，见面的时候点一下头就可以了。

如果身边缺少团体，不妨自己组建一个。通过网络上的QQ群或BBS

将志同道合者召集在一起，定期举行某些活动，依靠连锁反应，使他们将自己的好友带进活动。如此，聚会便会迅速扩大，人数会越来越多，你就可以结交到不同阶层和不同行业的朋友了。

如果按照上述方法交友还是感觉朋友不多，那就是因为你弹性不足了，也就是你有过多的原则，如不顺眼的朋友不交，没有共同语言的不交，有过矛盾的不交，等等。对于挚友苛刻一些是必要的，要想交到非常多的朋友，弹性必不可少。

生活当中根本没有不能交的朋友。自己看不上眼的或者没有共同语言的人并不一定是一无是处的人，说不定他们还是你事业上的帮手，可以在工作乃至生活当中给你雪中送炭，助你渡过难关。如果仅凭主观上的判断就将对方拒之门外，实在是很可惜。

也许你觉得和某些人交往完全是浪费不必要的时间和精力，得不偿失，所以根本就懒得去搭理他们。其实这种消极的做法正好检验了你的交友能力。如果和自己不愿意结交的人结交为友，而且还让对方以为你是真心付出，则说明你的交际水平接近炉火纯青的境界了。而在得到对方的援助后，你会对对方刮目相看，绝不会再瞧他们不顺眼了。

也许是对方得罪了你，也许是你得罪了对方，总之，你们只要一见面就会产生不愉快，而事实上你们之间根本就没有什么难以化解的仇恨。这是一种非常不好的感觉，不管是谁都不期望这种状况持续下去。如果你真的觉得该打破僵局了，不妨冲着对方笑一笑，哪怕对方是横眉冷对。如果对方不是铁石心肠，一定会在你第二或第三次投去微笑的时候主动与你握手言和。正所谓"不打不相识"，有过那段不愉快的小插曲后，你们的友谊会更加持久牢固。

身边的人是有限的，如何确定他们能否对你的人生产生重大的作用和影响？答案是：不是敌人就是朋友。如果朋友多了一个，敌人就会少一个；如果敌人多了一个，朋友也就少了一个。"多个朋友多条路，多个敌人多堵墙。"你是让自己路路畅通，还是让一面面高墙困住自己寸步难行，由你自己决定。

没有永远的朋友，再好的朋友也有分道扬镳甚至反目成仇的时候；也没有永远的敌人，仇恨再深的敌人也会主动伸出友谊之手。其实这都是受各自利益左右的，也是社会现实所决定的。

不要为现实的残酷和虚假而难过，敌人和朋友是经常转换的，你也是按照规律不停地改变自己的身份。所以朋友离去不要太伤心，敌人来了也不要惶恐不安，带着一颗轻松而又简单的心加入纷繁的交际当中，你会将日子过得多姿多彩。

"尺有所短，寸有所长。"不要因为自己是个富翁就可以闭着眼睛走路，更不要因为自己是领导或老板就必须将其他的人踩在脚下。如果这样做，那你的优势不但不会为你吸引更多的朋友，反而会带来非常多的麻烦。所以交友要和对方站在同一水平线上，然后用自己的优势去征服对方，让他们心服口服。这样你就会得到对方最真挚的尊重，说不定对方还会为你赴汤蹈火。

记住，在结识新朋友的同时也不能忘记了老朋友。有句名言：结新知，不如敦旧好。在日常生活中，与其施恩于人而获得他人的好感，不如依正道而行以获得舆论的推崇；与其另外结交新朋友，不如珍惜原有的友谊。结交新的朋友并非不好，只是不能喜新厌旧！何况，轻易背弃朋友的人，也难免不会有被抛弃的一天！

如何给人留下好印象

有一次，在筵席之上，罗斯福看见席间坐着许多他不认识的人。虽然这些人是认得罗斯福的，不过因为他们与罗斯福的地位不同，所以他们并不因为罗斯福的地位高而表示殷勤。那时的罗斯福刚从非洲回来，是在预备总统大选的第一次决定性的旅行途中。

罗斯福见筵席上这些初次见面的人对他并没有表示友好的意思，于是立即想出一个计划。

卢思沃特博士当时也是席上的客人，正好坐在罗斯福旁边，据他后来说："当我把席间的客人彼此介绍过之后，罗斯福凑近我的耳边悄悄说："卢思沃特，请把坐在我对面那些客人的情况介绍一下好吗？'于是我把每个人性情特点大略告诉了他。"

于是，罗斯福就准备对那些他不认识的人表示友好了。他这时已经明了他们各人所最得意的是什么，曾做过什么事业，喜欢些什么。

从这则逸事我们不难看出罗斯福的交际天才有多么高超。为了要认识这些不熟悉的人，罗斯福不得不预先打听他们的情况，这样他的谈话才能够引起他们的兴趣。于是，每一个人在不知不觉中感到满意，并对他产生了美好的印象。

罗斯福这种策略带来的益处是很大的，后来他终于做了总统，著名记者马克逊曾说："在每一个人进来谒见罗斯福之前，关于他的一切情形，罗斯福早已打听好了。"

最简单的方法就是对那些与他人有密切关系的事情或他们自己特别感兴趣的事情表示诚心的尊崇。伟大的领袖人物常常运用这些最重要的方法。但是，人与人之间是各不相同的，所以也应用各不相同的方法应对他们。

我们应该明白，人与人之间的不同点存在于他们各自不同的兴趣之中。明白了这一点，只要我们留心观察是很容易发现的。因为形成个人兴趣的事情，不外乎人们所说过的话，做过的事，个人的习惯、癖好以及立场、观点、态度，这一切是逃不出我们的眼睛的。

曾经有人把我们大家的生活范围即活动环境称之为"人生游乐场"。大人物的大部分成功因素是把许多不认识的人变为新朋友，皆由他能够在会晤别人的时候，把自己加入在"游乐场"里，接触到各人不同的兴趣。

查理在刚做美国钢铁公司总裁时，就遇到一个很困难的问题。他的同事非但不拥戴他，反而事事采取与他不合作的态度，使他在业务方面竟无从着手。一位与他熟识的人后来说："有一次他对我说，在他做钢铁公司领袖最初时期，许多同事都不欢迎他，他觉得必须研究他们不欢迎他的理由并培养起双方的友谊，然后才能得到他们的合作，使业务得以拓展。"

这位著名的工业领袖究竟怎样解决这个难题呢？西北大学校长兼心理学著名学者史科特说："在查理写给朋友的业务信中，常常插一些私人谈话进去。他总是在信中写一两行收信人感兴趣的事情，或其家人朋友给他的印象，或他们上一次晤谈的情形。"

这种使别人感觉到你在关心他的方法其实是很简单的，可是它的效果却往往是惊人的。

友谊建立在尊重的基础上

在交往中，我们待人的态度往往取决于别人对我们的态度。所以，我们要获取他人的好感和尊重，首先必须尊重他人。

要做到尊重他人，首先必须平等地对待每一个人。心理学研究表明，人都有友爱和受尊敬的欲望，并且都非常强烈；人们渴望自立，成为家庭和社会中真正的一员，平等地同他人进行沟通。如果你能以平等的姿态与人沟通，对方会觉得受到尊重而对你产生好感；相反，如果你自觉高人一等、居高临下、盛气凌人地与人沟通，对方会感到自尊受到了伤害而拒绝与你交往。

我们都很清楚自己想从朋友那里获得什么。可是你是否考虑过自己是个什么样的朋友？你是否体谅别人？你是否肯听别人的话？你是不是个好朋友？然而，更重要的是，你是不是尊重朋友？

没有尊重就没有友谊，犹如没有基石不可能筑起大厦一样。尊重源于何方？尊重只有在自尊自爱的基础上才能诞生。

人们是否要等到自尊自爱之后才能交朋友？绝对不是。这样他们也许得永远等下去！理解友谊，结交那些能反映自己长处的朋友，就能增强自尊自爱之心。然后这种自尊自爱又给予我们向朋友表达爱的勇气。这是无限的循环往复运动，就像海浪冲上海岸又退回大海一样。有了自尊自爱，也就懂得了尊重朋友，尤其是你们出现意见分歧时。

让朋友的交际网为自己所用

在某一陌生场合里，年轻人怎么能在很多的人里游刃有余，让更多的人注意你，重视你，让陌生人认识你，让不熟悉的人成为朋友呢？

在这种场合下，要会利用你的熟人，让熟人介绍一下想认识的陌生人。

不是特殊的关系，一般人不会主动把自己的朋友介绍给别人，尤其是在大家都很忙的时候。所以，想认识谁，就要主动找熟人介绍。比如，当朋友与别人交谈时，你主动走上前去同朋友打声招呼，说几句话，一般他会主动介绍一下正在与他说话的人。如果没有介绍，你可以问一句："这位是……"他告诉你后，你趁机与对方说点儿什么，但不要谈太长时间，以免耽误朋友的事情，对方也会认为你不礼貌。简单地说两句之后，起身告辞，或再加上一句："回头我们再谈，你俩先谈吧。"

或者当朋友与别人交谈完毕后，你找到他问一问："刚才与你谈话的人在哪儿工作？""那位在哪儿上班，干什么的？"如果觉得有必要认识或可以与他谈一些有关事情，就请朋友为你介绍一下："我想认识那位朋友，帮我介绍一下好吗？"一般情况下，人都愿意帮人介绍，这样显得自己很能干，交际面广，朋友多。

如果去的场合是某单位或某人举办的活动，你可以主动请东道主介绍几位朋友。如果人不太多，可以让东道主把你介绍给人家，然后你就可以与任何一位谈话。因为你与东道主关系密切，其他人也会很高兴认识你；即使你与东道主关系一般，他只要把你请来了，就会满足你这个要求，但你必须主动提出来。

有些人总想回避与陌生人交往。这一般有两种原因：一是不善于与陌生人交往，特别是在人多的场合；二是不愿意与陌生人交往，他们认为与其同匆匆过客打交道，不如自己干点儿事更有意义。

其实，随着社会现代化程度的提高和交往范围的扩大，人们与不相识的人接触机会都大大增加了。怎样与不同类型的陌生人相处，打进陌生人的交际圈，这已成为现代年轻人不可忽视的基本功之一。

把握"淡而不断"的交往原则

朋友交往应该是"淡而不断"。交往过密，便有势利之嫌；而断了来往，时间便会无情地冲淡友情。特别是在生活节奏紧迫的今天，朋友之间很难有机会在一起聊天。朋友交往需要注意友情的维护，比如，平时多打一些电话，相互问候一番，也会起到加深感情的作用。

朋友之间超脱利害关系的交往，会使双方更加珍视友情。

有一次，德国诗人海涅收到一位友人的来信，拆开信封，里面是厚厚的一捆白纸，一张一张紧紧包着，他拆开一张又一张，总算看到最里面的一张很小的信纸，上面郑重其事地写着一句话："亲爱的海涅，最近我身体很好，胃口大开，请君勿念。你的朋友露易。"

过了几个月，这个叫露易的朋友收到了海涅寄来的一个很大很沉的包裹。他不得不请人把它抬进屋里，打开一看，竟是一块大石头，上附一张卡片，写道："亲爱的露易：得知你身体很好，我心上的石头终于掉了下来。今天特地寄上，望留作纪念。"

这肯定会成为露易一生中最难忘的一封信。他给海涅的信有些小题大做，而海涅的回信却也生动形象，他以大石头比喻对朋友的担忧，以"石头落地"表示收信后的放心和轻松。这不仅体现了朋友之间的随和与坦诚，更让人感到朋友的热情和友爱。

君子之交，重在心灵的沟通。它最不具有功利目的性，强调的是

"淡、简、文"，甚至"木讷"。

君子之交淡如水，与《中庸》上的"君子之道，淡而不厌"是一个道理。君子的交友之道如淡淡的流水，长流不息、源远流长。今人将交友比作花香，说友谊就像花香，越淡就越持久，与古人有异曲同工之妙。

那么"淡如水"的人际交往会给你带来怎样的益处呢？最重要的一点是能恢复人际交往的本来价值，即最大限度地达到心理沟通的目的，从而得到最大限度的社会支持感，给个人带来全面的心智收益。现在的人际交往在很大程度上发生了变化，人际交往失去了本来的意义和价值，成为人们的"包袱"。上回他请我吃了一顿饭，这次我不得不回请他；我帮了他那么大的忙，他居然不送点儿东西"意思"一下；我结婚时他送了2000元，现在物价上涨，我得送3000元了。这不是"包袱"又是什么？

人际交往的"成本"还包括交往的频率和一次交往所花费的时间。交往频率过高或交往时间过多，便会出现冷场的局面，如无话可说或者总是谈一个话题，这样的交往就会显得无聊和乏味。如果双方对交往失去了原有的兴趣，交往便会因此而终止。有时候由于交往频率过高和时间过多，还会干扰正常的生活和工作，使交往出现不愉快的情况并导致人际关系破裂。三天两头找人聊天、耐不得半分钟寂寞的人，不仅缺乏修养，而且在交往中也不会受到欢迎。事实上，保持适当的交往频率，控制每次交往的时间——点到为止、见好就收，反而能使彼此对交往一直保持高度的新鲜感，交往也会更加充实和有趣。

如果人们能把"君子之交淡如水"作为人际交往的一个重要原因去遵循，那么就一定能使人际关系更加和谐，并为人们的心理健康和实际生活带来更多的益处。

关系再好也好注意小节

在日常生活中，说一个人不拘小节是体现这个人有豪爽的一面，说明他在一些小事上不太注意，这种人往往能够得到较多的朋友，给他人的感觉是容易相处,人缘好。然而,如果要是过于豪放,而不站在对方的角度去考虑问题,那么小节也会断送掉平时好不容易结成的友谊。特别是在与某些关系重大的朋友的交往过程中,恰恰更要拘小节。

在今天这个时代,人们越来越注重交友的质量和情趣,不拘小节的人将会逐渐失去朋友对自己的好感,而会使自己遭受到更大的损失。在处理朋友关系时不妨注意以下几点。

第一,不但要注意、更要注重小节。只有注意与注重相结合,才会有所行动,而行动中才能真正体现出"拘"的含义,"意之责于思,重之责于行",两者的完美结合,循序渐进,才会有好的结果出现。

第二,不嫌其小。小节,中心就在于"小"字上,就是平时不为别人所关注的问题。正是这些小问题,会反映出许多东西来。以小见大,积少成多,只要你去做了,就会有闪光点,就必定会为别人所关注。"勿以善小而不为,勿以恶小而为之",不正是说明了"小"的关键所在吗?

第三,不要歪曲"小"的含义。拘小节不等于斤斤计较,拘小节要拘到点子上、拘到刀刃上。朋友不会喜欢那种在一切事情上都要分清楚、一切事情上都要讲原则的人。

朋友之间要把握交往的"度"

有很多年轻人遇到过这种情况,朋友的热情让你害怕甚至恐惧。朋友之间各自的家庭、工作和其他社会环境都不尽相同。作为朋友,如果不考虑实际,以自我为中心,强求朋友经常在一块与你厮守,势必会给他带来困难。

此外,人与人之间的差异是必然存在的,交往的次数愈是频繁,这种差异就愈是明显,经常形影不离会使这种差异在友谊上起到不应有的作用。因此,交友不要过往甚密,一则影响着双方的工作、学习和家庭;再则会影响感情的持久。交友应重在以心相交,来往有节。

(1)友谊不是爱情,你如果希望你的朋友像妻子一样对你忠贞不二是不可能的。爱越专一就越甜蜜，友谊则不一样。过分的依赖会损害朋友双方的关系。朋友并非父母，他们没有指导和保护你的义务。他们能给你支持，但不可能包办代替。你必须清楚，他只不过是朋友而已。

（2）有的朋友正相反，他们不可抗拒，盛气凌人，在与朋友的交往中，总喜欢指手画脚，不管对方的想法如何都要求对方按照自己的意思去做。这种做法无异为友谊的发展埋下了不祥之笔。

如果你想对朋友说，"你应该""你不应该""你最好""你必须"，那么你无疑是想控制朋友的生活，这种做法会使朋友感到很不愉快。如果你是被控制的，不要认为有人一切为你操心是再好不过的了。控制你的朋友不是知心的朋友。一旦你把自己从他的"统治"下解放出来，就会出现奇迹，你和朋友就会变得平等。

（3）好友亲密要有度，切不可自恃关系密切而无所顾忌，亲密过度，就可能发生质变。好比站得越高跌得越重，过密的关系一旦破裂，裂缝就会越来越大，好友势必会成冤家仇敌。

（4）莫打听朋友的隐私。对方要保守秘密并不是对你的不信任，而是对自己负责。你同样也需要保守自己的秘密，这一切并不证明你和好友间的疏远。相反，明智的人会认为，如此双方的友谊更加可靠。

在你朋友觉得难为情或不愿公开某些私人秘密时，你也不应强行追问，更不能以你们的关系好而私自去偷看或悄悄地打听朋友的秘密，一般情况下，凡属朋友的一些敏感性、刺激性大的事情，其公开权应留给朋友自己。擅自偷听或公开朋友的秘密，是交友之大忌。

（5）给朋友面子。维护朋友形象是你应该做到的，这种方式犹如给你们的亲密关系罩上一层保护膜，让友情滋润成长。

而现实生活中，牢记这一点的人并不多，以密友相称的人为了证明一切，把当众指责、揭露看作一种证明的手段，往往导致友人的不满。朋友的形象是你们共同的旗帜，不论关系多么亲密，请你不要砍伐它。

（6）亲密的友谊，不应该是粗鲁、庸俗的。在理解和赞扬声中，友谊会不断成长。

珍惜给你忠告和批评的朋友

有些年轻人交友喜欢"跟着感觉走"，和谁"合得来"，就和谁交朋友。至于那些喜欢直言、令自己不快的人，则唯恐避之不及。这种随性而为的交友方式，会令你错过一些高质量的好朋友。

明代学者苏浚在他的《鸡鸣偶记》里曾把朋友分为四类。这四类是："道义相砥，过失相规，畏友也；缓急可共，死生可托，密友也；甘言如饴，游戏征逐，昵友也；利而相攘，患则相倾，贼友也。"这个交友的标准虽然是根据当时社会情况提出来的，但对我们现在择友仍然不无裨益。生活里，那种见利就上、就争，见朋友遇到困难或不幸就忘义、就倾轧的"贼友"，当然是不可交；那种甜言蜜语不绝于耳、吃喝玩乐不绝于行的"昵友"，固然可以带来一时欢快，却难以做到贫贱相扶、患难与共，也没有必要去交。值得我们倾注热情，以心相交的是能够"缓急可共，死生可托"的"密友"，是能够"道义相砥，过失相规"的"畏友"。在今天社会主义的时代，国家为青年健康成长提供了优越的社会条件，需要朋友为自己共患难、托生死的事毕竟鲜少；而那种可以在道义、学业上互相砥砺，在缺点、错误上互相规劝的"畏友"，对于青年成长却是绝对必要的。在青年成长的道路上有这样的"畏友"，不仅可以保证友谊向着健康的方向发展，也可以帮助青年增强战胜困难的勇气，获得蓬勃向上的力量，赢得事业的成功。古往今来，都有许多这样的事例。

唐代诗人张籍，可谓是韩愈的畏友。韩愈才华横溢、才名四播，却不能耐心听取别人的意见，而且生活上不检点，喜欢赌博。张籍为此一再给韩愈写信，直言不讳地提出批评和忠告，终于促使韩愈认识了自己的缺点。韩愈在写给张籍的信中说："当更思而悔之耳"，"敢不承教"。

北宋时的苏轼和黄庭坚也是一对好友，两人以诗文闻名于当世，也常坐在一起讨论书法。有一次，苏轼说："鲁直，你近来写的字虽愈来愈清劲，不过有的地方却显得太硬瘦了，几乎像树梢挂蛇啊。"说罢笑了起来。黄庭坚回答说："师兄批评一矢中的，令人心折。不过，师兄写的字……"苏轼见黄庭坚犹豫，赶快说："你干吗吞吞吐吐，怕我吃不消吗？"黄庭坚于是大胆言道："师兄的字，铁画银钩，遒劲有力。然而有时写得有些褊浅，就像是石头压的蛤蟆。"话音刚落，两人笑得前俯后仰。正是这种互相磨砺的批评精神，使得他们的友谊之树枝青叶茂。

朋友间由于各人的性格、习惯、特点不一样，谁都不免会有自己的弱点、短处和过失，如果看着朋友的不足和过失不指正、不劝阻，那怎么能够体现真正的友谊呢？

如何对付难相处的人

在生活中，我们经常会碰到所谓难以相处的人。有的人整天沉默寡言，即使你找话题，他也不搭不理；有的人高高在上、目中无人，似乎对你充满敌意；有的人成天牢骚满腹，怨天尤人；有的人对你的工作吹毛求疵，百般挑剔；有的人浅薄无聊，充满低级趣味……只是偶然相处倒也罢了，如果你被迫长时间地和他们交往、相处和共事，在这种情况下你的烦恼是可想而知的，如何应对这些难以相处的人，的确可称得上是一门艺术。

首先，你必须明确，造成这种困扰是你自己的问题，还是因为你对别人要求过高。你可试着同你周围的人交往，看看你所认为的难以相处者在其他人眼里是否也是这样。如果别人并没有这样的感觉，那你就要从你自己或你们两个人的关系上找原因。

对于一名真正的难以相处者，你要学会设身处地地了解对方的处境。你不必同他争执，更不必强迫他去做些什么，而是心平气和地询问他采取这种方式对待别人的原因。在这种情况下，即使你的目的没有达到，也能在一定程度上缓和你们之间的关系。当然，他提出的原因在你看来可能是十分荒谬的，你也不必马上去反驳他，而是设法从他的言谈中发现某些真实的成分（这是一定有的），这样做能够进一步缓解你们之间的关系，使双方都觉得心情舒畅。

当然，要做到上面这一点并非是一件容易的事。建议你学会采用一些心理咨询专家经常做的一件事，即学会倾听，"听"有时会比成百上千的"说"还要重要。同时，你还可采用适当的方式让他知道，他对待你的方式令你感到十分不安，这种方法常能软化难相处者的敌对情绪。如果你能以一种宽容大度的方式对付他的难以相处，那么久而久之，对方也会不自觉地改变他的行为向你看齐，这样就避免了很多不必要的麻烦。

在这样不确定的环境里，知道如何对付难相处的人、化解他们的消极行为，乃是你可以掌握的最重要的技能之一。这不但有助于你变成身价更高的职员，而且有利于你锻炼独当一面的能力。你会更加精力充沛，人也会变得更加豁达乐观。你将知道怎样逾越这些难相处的人所设置的种种障碍，培养使自己的工作和个人生活更加丰富充实的能力。

人要长交，账要短算

好朋友不是可以为一个"义"字而肝脑涂地吗？为什么还要明算账呢？其实，友谊的无私与朋友间的算账并不矛盾。算账是维护友谊的必要手段，是为寻求交往的相对均衡，因此算账是必要的。

1. 区别情况，学会算账

第一，朋友之间合伙做生意时要认真算账，不能马虎。因为这时的钱物往来是以营利为目的的，而友谊只是一种辅助的因素、合作的形式，绝不能以友谊代替算账，否则就可能因物质纠纷而破坏友谊。

第二，借用与支援朋友财物时也应算账。如果对方不还了，就要算一算是还不起还是不愿还。还不起就将这个账一笔勾销；不愿还就要记下这笔账，以后付出当当心，不要伤了更多的情谊。

第三，财物的馈赠与捐赠。这是一种特殊的财物往来形式，它通常以表达心意为宗旨，是以物质形式出现的交换。对这种往来则只需要做大概计算即可。

由于交往中财物与友谊纠缠在一起，从而使算账变得复杂起来。从实际情况看，友谊对财物往来的不平衡有一定的承受能力，但是，如果钱物往来超过了友谊所能承受的极限程度时，友谊就难以包容，矛盾就会出来。为了友谊而算账就要区别不同情况，弄清钱物及人情账往来的状况，求得双方在"量"上大致平衡，防止过分失衡。

2. 把握时机，适时算账

俗话说："人要长交，账要短算"。一般说来，为友谊而算账以"短算"为宜。在一段时间内，比如，几个月、半年，把彼此往来情形清点一番。如果拖得太久，欠账（包括人情账）太多，影响到关系时才察觉，那就会激化矛盾。

实际上，"短算"是"长交"的手段。从这个意义上说，"短算"是为了"长交"，没有"短算"就难以"长交"，两者相辅相成，体现了友谊交往的辩证法。短算也不必"日清月结"。如果算得太勤，朋友之间占不得一点儿便宜，吃不得一点儿亏，斤斤计较，那就又走到另一个极端，同样有损于友谊。

3. 肯于亏己，友好算账

算账只是手段，目的是为了友谊，真正的友谊是金钱买不来的。赢得友谊的真谛在于奉献付出，并不是寻找等价交换。甚至可以说友谊遵循的恰恰是一种亏己式的"倾斜"，即为友人多做贡献，而不希望对方回报。这种有意向他人倾斜的心理是换取真正友谊的内在动力。人们的心意、友情虽然本身无价，但在交往中它又可以成为具有特殊价值的砝码。当人们把情谊投入到交往过程时，它就变得"价值连城"，同样可以对物质投入起平衡作用。

因此，为了友谊算账寻求的是大体均衡，不是绝对均衡。如果追求绝对对等，那么友谊又会被商品等价交换的性质所取代，使友情被"铜臭味"熏染，这同样只会破坏彼此的友谊。只有把握好了财物交往与友谊交往的关系，才算学会了"算账"。

　　总之，友好算账应把握这样的尺度：该清楚时则清楚，该糊涂时当糊涂，这样才能赢得持久的友谊。

如何区别好朋友与坏朋友

　　朋友要交，但不能滥交。好朋友可让你受用一生，坏朋友能让你痛苦一辈子。为了尽可能多交高质量的朋友，远离狐朋狗友，你必须了解你的朋友。

　　了解朋友，一个比较可靠的办法是——向各方打听打听。

　　人总是要和其他人交往，同时，本性也会暴露在不相干的第三者面前。也就是说，他不一定认识这第三者，可是第三者却知道他的存在，并且观察了他的思想和行为。人再怎么戴面具，在没有舞台和对方的时候，这假面具总是要拿下来的，所以很多人就看到了他的真面目。而当他和别人交往、合作时，别人也会对他留下各种不同的印象。因此你可向不同的人打听，打听他的为人、做事、思想。每个人的答案都会有出入，这是因为各人好恶有所不同之故。你可把这些打听来的资讯汇聚在一起，找出共同点最多的地方和次多的地方，那么大概就可以了解这个人的真性情；而交集最多的地方，差不多也就是这个人性格的主要特色了，如果十个人中有九个说他"坏"，那么你就要小心了；如果十个人中有九个说他"好"，那么和他来往应该不会有问题。

　　不过听也要看对象，向他的密友打听，当然都是说他的好话；向他的"敌人"打听，你听到的当然坏话较多，不过可能"敌人"说的比密友又较接近真相。最好能多问一些人，不一定是他的朋友，同事、同学、邻居，重要的是，要把问到的综合起来，不可光听某个人的话。

　　当然，打听也要技巧，问得太白，会引起对方的戒心，不会告诉你实话，最好用聊天的方式，并且拐弯抹角地问。这种技巧需要磨炼，不是三两天可以学到的。

此外，你也可以看看对方交往的都是哪些人。

人们常说"物以类聚，人以群分"，意思是什么样的人就喜欢和什么样的人在一起，因为他们价值观相近，所以才凑得起来。所以，性情耿直的人就和投机取巧的人合不来，喜欢酒色财气的人绝对不会跟自律甚严的人成为好友。所以观察一个人的交友情况，大概就可以知道这个人的性情了。

除了交友情况，也可以打听他在家里的情形，看他对待父母如何，对待兄弟姐妹如何，对待邻人又如何，如果你得到的是负面的答案，那么这个人你必须小心，因为对待至亲都不好了，他怎可能对你好呢？若对你好，绝对是另有所图。

如果他已结婚生子，那么也可看他如何对待妻子儿女。对待妻子儿女若不好，这种人也必须提防。若你观察的是女子，也可看她对待先生孩子的态度，这些道理都是一样的。

看朋友是否可靠需要用长期的观察，而不是在见面之初就对一个人的好坏下结论。因为太快下结论，会因你个人的好恶而发生偏差，影响你们今后的交往。另外，人们为了生存和利益，大部分都会戴着面具，和你见面时便把假面具戴上，这也是一种有意识的行为。这些假面具有可能只为你而戴，而演的正是你喜欢的角色。如果你据此判断一个人的好坏，并进而决定和他交往的程度，那就有可能吃亏上当或气个半死。用"时间"来看人，就是在初见面后，不管你和他是否"一见如故"还是"话不投机"，都要保留一些空间，而且不掺杂主观好恶的感情因素，然后冷静地观察对方的作为。

一般来说，人再怎么隐藏本性，终究要露出真面目的，因为戴面具是有意识的行为，久了自己也会觉得累，于是在不知不觉中会将假面具拿下来，就像前台演员，一到后台便把面具拿下来那般。面具一拿下来，真性情就出现了，可是他绝对不会想到你在一旁观察。

用"时间"来看人，你的朋友，一个个都会"现出原形"，你不必去揭下他的假面具，他自然自己会揭下来向你呈现出真面目。

所谓"路遥知马力，日久见人心"，就是指用"时间"来看人，对方不够朋友的"地方"真是无所遁逃。

用"时间"特别容易看出以下几种人：

——不诚恳的人。因为他不诚恳，所以会先热后冷，先密后疏，用"时间"来看，可以看出这种变化；

——说谎的人。这种人常常要用更大的谎言去圆前面所说的谎，而谎一旦说多或说久了，就会露出首尾不能兼顾的破绽，而"时间"正是检验这些谎言的利器：

言行不一的人。这种人说的和做的是两回事，但察看的"时间"一长，便可发现他们的言行不一。

事实上，用"时间"可以看出任何类型的人，包括小人和君子，因为这是让对方不自觉的"检验"手段，最为有效。

要用多久的时间才能看出一个人的真性情？如果是好几年，这时间是长了些，但一个月又短了些。那么到底多长的时间才算"标准"呢？这没有一定的标准，完全因各人情况而异，也就是说，有的人可能第二天就被你识破，有的人两三年了却还在"云深不知处"，让你摸不清楚。因此与人交往，千万别一头热，宁可后退几步，多给自己一些时间来观察，这是保护自己的方法。

学会将朋友分等级

在现代人的语境中，"朋友"似乎与"熟人"等同，于是，开朗型人便有了沾沾自喜的理由：我的朋友满天飞！

然而，朋友满天飞，知心能有几？在熟人即朋友的今天，没有几个知心朋友，你的人际关系只是一堆泡沫而已：表面上好看，实际上一阵风就能将他们刮跑，一个浪就能将他们卷走。　要想找几个知心朋友，开朗型人有必要改变一下自己交友的方式，把朋友拨拉一番，分分级。

要把朋友分等级其实不容易，因为人都有主观的好恶，甚至在旁人提醒时还不能发现自己的错误。

要把朋友分等级，对于感情丰富的人来说可能比较困难。因为他们往往在对方尚未把他们当成朋友时，就早已投入了感情，而且从内心把朋友分等级这件事觉得有罪恶感。

把朋友分等级，可以简单地分为可深交级和不可深交级。可深交的，你可以和他们分享你的一切；不可深交的，维持基本的礼貌就可以了。这就好比客人来到你家，真正的客人请进客厅，推销员之类的在门口应付一下就行了。

要根据对方的特性，调整和朋友交往的方式。但有一个前提必须记住，那就是不管对方智慧多高或多有钱，一定要是个好人才可以深交。也就是说，对方和你做朋友的动机必须是纯正的。不过，人们常常被对方的所谓"身价"和"背景"所迷惑，结果把坏人当好人。

如果你目前平平淡淡或失意不得志，那么不必急于把朋友分等级，因为这时候的朋友不会太多，还能维持感情的朋友就应该不会是假朋友。但当你事业有成、手上有权和钱时，那时你的朋友就非分等级不可了，因为这时的朋友就有可能是另有所图的！

结交卓越人士的方法

近朱者赤，近墨者黑。一个人结交了卓越人士，便能见贤思齐；反之，若结交龌龊之徒，自己难免同流合污。

当然，这里所谓的"卓越人士"，并非是指家世显赫、地位超绝的人，而是指有内涵、让世人所称道的人物。"卓越人士"大体上可分为以下两大类型：一是指立身于社会主导地位的人们；二是指那些有着特殊才华的人们，如长袖善舞者、对社会有杰出贡献的人、才能特殊的人或是知识渊博的学者、才华洋溢的艺术家等。

"我本是块普通的土地，只是我这里种植了玫瑰"。与优秀的人交往会使自己也变得优秀，优秀的品格通过优秀的人的影响四处扩散。

作为年轻人，应该小心谨慎地运用自己的自由意志，在社会中寻找那些优秀的人作为自己的榜样，努力去模仿他们。与优秀的人交往，就会从中吸取营养，使自己得到长足的发展；相反，如果与恶人为伴，那么自己必定遭殃。社会中有一些受人爱戴、尊敬和崇拜的人，也有一些被人瞧不起、人们唯恐避之不及的人。与品格高尚的人生活在一起，你会感到自己也在其中受到了升华，自己的心灵也被他们照亮。"与豺狼生活在一起，"一句西班牙谚语说，"你也将学会嗥叫。"

即使是和平庸的、自私的人交往，也可能是危害极大的，它不但不利于勇敢刚毅、胸襟开阔的品格的形成，而且还可能会让人感到生活单调、乏味，形成保守、自私的精神风貌，甚至使人心胸狭隘，目光短浅，丧失原则性，遇事优柔寡断，安于现状，不思进取。这种精神状况对于想有所作为或真正优秀的人来说是致命的。

相反，与那些比自己聪明、优秀和经验丰富的人交往，我们或多或少地会受到感染和鼓舞，增加生活阅历。我们可以根据他们的生活状况改进自己的生活状况。我们可以通过他们开阔视野，从他们的成功中学到经验，从他们的教训中得到启发。如果他们比自己强大，我们可以从中得到力量。因此，与那些聪明而又精力充沛的人交往，总会对品格的形成产生有益的影响——增长自己的才干，提高分析和解决问题的能力等。

美国有句谚语说："和傻瓜生活，整天吃吃喝喝；和智者生活，时时勤于思考。"如果你想展翅高飞，那么请你多和雄鹰为伍，并成为其中的一员；如果你仅仅和小鸡成天混在一起，那么你就不大可能高飞。

在南北朝时，一个叫季雅的人被罢官后，在名士吕僧珍家旁买了一处宅院。

僧珍询问他购买宅院的价钱是多少。

季雅回答说："1100万钱。"

僧珍听到这么昂贵的价钱，大吃一惊。

季雅说："我是用100万钱买房宅，用1000万钱买邻居呀！"

百万买房，千万买邻的故事，讲的是结交卓越人士的道理。

人人都想结交卓越之士，因此，我们放眼所及的一些卓越之士，早已是庭前车马如织，想要结交他们，并非易事。在此，我们简要地介绍一些有助于你结交能人的注意事项。

首先，要提前了解对方的有关材料。这方面的材料要尽力搜集，多多益善，力求全面详细。比如，他的出生地、过去的生活经历、现在的地位状况、家庭成员、个人兴趣爱好、性格特点、处世风格、最主要的成就、最有影响力的作品（歌曲、著作……）、将来的发展潜力、他的影响力所及的范围。

其次，结识的方法最好是托人引荐。这是比较常用的办法，一般托那些与其交往密切的人作为中间人引荐，会起到事半功倍的效果。因为经与他交往密切的人引荐，他自会刮目相看，郑重地对待你。找中间人需要注意的是：你要让中间人尽可能地了解你，并获得中间人的充分信任和欣赏，这样他才会有积极性去引荐。对一个不太了解的人，或不太赏识的人，中间人是不会轻易引荐的。贸然引荐，令对方不高兴，也等于减少了自己在对方心目中的"印象分"。美国人认为，我们与世界上任何一个人的距离，只有六个人。也就是说，一个平凡得不能再平凡的人，通过朋友找朋友再找朋友式的引荐，最多经过六个中间人就可以结识到总统。

和卓越人士打交道，要怀平常心。缩手缩脚、拘谨不堪，只会增加对方对你的忽略甚至轻视。你的举止言谈，要落落大方，收放自如，尊敬但不必过分崇拜，不要把自己放在一个低贱的位置。特别要注意的是，不要给对方以谄媚、讨好的感觉。你肯定怀有敬佩之情，真诚地表达你的钦佩之情，适当地赞美一下也无不可，但一定要让他感觉你的称赞发自内心、发自肺腑之言。因为他们听惯了吹捧话，甚至有些麻木，你再多而又俗套的吹捧难以打动他的心和引起他的兴趣。总之，在人格上，大家都是平等的。

最后，我们还需强调的是：我们结交卓越之士的目的，主要是为了学习他们为人处世的方法，而非为了满足自己的虚荣，也非处心积虑要待他日利用他们。

慧眼识"贵人"

对于普通人来说，结交卓越人士的难度有二：一是侯门深似海，贵人难见到；二是即使见到也难有深交。其中的原因，相信不用笔者多解释了。因此，对于普通人来说，结识落难的贵人，不妨为一个比较现实而又可取的途径。

人生总是有很多起起落落，世态炎凉，人生冷暖，尽在起落之间。一个显赫的人在走下坡路时，不少趋炎附势者会弃他而去——这种灰色的故事在我们身边从来就不鲜见。所以，有人说：要辨别谁是你真正的朋友，不要看你辉煌时有谁在替你唱赞歌，要看你潦倒时有谁安慰与鼓励你。在贵人从云端跌落深潭时，是你结识他的最佳时机。

虎落平阳被犬欺，龙游浅滩遭虾戏。昔日的辉煌，今朝的惨淡，若非个中之人，实在难以体会其中的痛楚。这个时候，是英雄感情最为脆弱的时候，你若能及时伸出你的手，英雄或许会铭记一生。潦倒时别人给你的一碗粥，比你富贵时别人给你的一匹锦更让人感动与感恩。可惜世上趋炎附势的人多，大多热衷于锦上添花，无意雪中送炭。这时，对方会用比往日多得多的时间与耐心，来和你好好交流，在交流中，你可以学到很多知识，他也能知晓你的为人与才能。倘若日后东山再起，你就是他的座上宾。即便日后未能再腾达，他人生大起大落中的经验、教训若与我们分享，也是我们宝贵的财富。

结识身边的落难英雄，不应该停留在浅层次的交往上，要努力与其交心，并提供必要的精神乃至物质上的支持。如果对方一时情绪哀伤，则要适时好言安慰；如果对方一时精神萎靡，则要鼓励其振作；如果对方一时捉襟见肘，则要尽力相助。

某大型国企的技术员老张，"官运"一直低迷，在工厂里干了快20

年，还只是一个没有行政职务的科级技术员。5年前，因为企业高层的斗争，厂长老王被副厂长以及几个中层干部罗织罪名，被拉了下马，由原先的副厂长当厂长。老王则被贬到锅炉房看锅炉。王厂长落马之后，厂里人人都避之唯恐而不及，生怕沾染了他身上的"晦气"，令新的厂长记恨。

老张在老王下马后的一个周末，拎了一瓶廉价的二锅头登老王的门拜访。老王平时家里是人满为患，这次倒是清闲得很。两人一瓶酒，边喝边聊。老王遭此横祸. 难免有些意气，有些牢骚，也有些唏嘘。老张话不多，只是适时安慰老王：白的说不黑，黑的说不白，善恶终会报。还建议老王不如趁自己无官一身轻，正好可以多陪陪家里的老人与孩子。"你以前，为了工厂太投入了！"老张的话无疑让老王听了心里暖和。

在老王沦为庶民后，老张轻而易举地登堂入室并成为座上客。随着两人交往的频繁，老王不禁发觉眼前这个老张不仅心地好，也是一个人才。他有点惭愧自己当厂长时怎么就没有发现这个人才。其实，作为一个数千人的大厂，一个小小的技术员，作为厂长的老王是很难有机会去仔细了解其才能的。

5个月后，上级主管部门给了老王一个迟来的公正。老王官复原职，原来的副厂长等一批人因为财务问题而被刑事拘留。老王成了厂长之后，登门来祝贺的人络绎不绝，大都拎着贵重的礼物，但老王一概没有收。他唯一收下的是老张的二锅头。显然，老张的二锅头有着与众不同的分量。老张的才能，在今后会有一个更大的施展舞台。事实上，现在的老张，已经是主管生产的副厂长了。

其实英雄落难，壮士潦倒，都是常见的事。从现在起，多注意一下你周围的人，若有落难的英雄，千万不要错过了。

第六章　修养表现在待人接物的礼节上

　　在社交场合或与人交往时，一个人的一举一动、一言一行都会给他人留下深刻的印象。因此，你的姿态、言行举止的表现方式首先应考虑到他人，即是否有礼貌、是否尊重他人。如有的人衣冠楚楚却出言不逊，听别人讲话时漫不经心，或随意打断对方的谈话等，这些行为都是不懂社交礼节、缺少文化教养的表现。

　　什么是社交礼节呢？简单说就是人与人相处、相交所遵循的规范。

　　礼节并非是一成不变的教条，也不是上流社会中特有的规矩，而是任何一个阶层的每个人都应懂得并遵行的生活修养与准则。

　　说到社交礼节，一般人往往有高深莫测之感。老一辈人常常告诫年轻人：入社会之前要先把礼节学好，才不会被人笑话！这就是"先学礼而后问世"的说法。旧有的礼节繁杂琐碎，单单要记牢一套虚字眼的应对说话已经够多的，还有一大堆起座言行的规矩。这种旧的"社交礼节"往往令现在的年轻人敬而远之。

　　礼节当随时代的变化而赋予新的形式和内涵。今天社交生活中所运用的新礼节略有不同以往，其"礼"，是教人尊重与关心他人，合乎人情；其"节"，是教人在言行举止上要恰如其分，合乎事理。通过"礼节"，使大家相处得更加友好，和睦……所以，这些在日常生活中所接触到的问题，并不高深，也不繁缛，而是简单易行的。

礼节是最高贵的"饰物"

学习礼节虽不是一件难事，但要做到处处讲礼节倒也是一件不容易的事。譬如：在街上无意间踩了别人一脚，能说一声："对不起"；在公交车上能让座给老弱妇孺；在与他人谈话时能做到耐心地倾听……这些就是礼节。说它难吗？谁都可以做到。说它易吗？做到的人却不多。礼节不等于一套公式，并不等于"鞠躬如也"。礼节在一定程度上反映了一个人的道德修养，因此，我们随时随地都要注意自己的言谈举止。有位朋友说得好："要学习礼节，最好是从公共场合待人接物做起。"此话说得真是恰到好处，礼节原是人类社会生活中共守的东西，大家都讲究礼节，人们相处就会更融洽、更友爱、更和睦、更团结起来，就像一个大家庭一样。

有许多人能够在社交场合中讲求礼节，而且显得彬彬有礼，温文尔雅，但是当他在公共场所中，却显得粗鲁和蛮横，争先恐后，唯恐吃亏。我们在搭乘公共汽车和上火车时都可以见到这种现象，人们一窝蜂地上车而把老弱妇孺挤在一边；在车辆上也蛮横地霸坐一方，对老弱视而不见……这种人尽管是社交场合中的君子，社交能手，但由于他只讲个人利害得失，因此，可以说他在社交场中的礼节是虚伪的。礼节不是为表演用的，而是日常生活中，体现人与人之间相处的精神。一个人能够做到处处讲礼节，那么，当他出现在任何社交场合也决不会失态。

俗话说："先学礼而后问世。"学些什么礼呢？彬彬有礼的态度又是怎样的呢？没有人生下来就懂礼，家庭、学校、社会，逐渐教导我们成为一个具有彬彬风度的人。但是，如果每做一件事都有一套刻板的礼仪在缚手缚脚岂不很烦琐。

事实并不尽然，因为，有许多礼仪事实上是日常生活中的一部分，习惯成自然，我们早已感觉不到它的约束。另外，关于人情往来、社交活动等较特殊的礼节，只要我们基于尊重、体谅别人的心情之上，也都是不难做到的。

人是有感情的动物，因此，当受到别人尊重时，自然会感到快乐；当受到别人轻视时，自然就会觉得气恼。不管在任何时代，这种导致人与人相处的关系始终不变，这是人类的通性。而促使这种关系相处圆满的最好方法，就是"礼"。它代表尊敬、尊重、亲切、体谅等意义，同时，也是个人的修养的体现。

中国人的民族性较西方人含蓄，因此，特别讲究礼节。由于太重视繁文缛节，以至于有些人对"礼"的认识发生偏差，他们以为只有对长辈、上司，或想讨好对方时才讲礼节，对晚辈或自己没有利害关系的人，就可马虎。

甚至还有人认为，礼貌只是社交上的一种手段，并没有其他价值。如果以这些态度来评断礼节，岂不是使人际关系变成"钱货两讫"的交易关系，和做生意又有什么两样？

现代心理学指出"自尊是维持心理平衡的要素。"可见每个人要维持心理的平衡和健康，都要有活得"理直气壮"的感觉，也就是处处受人尊重，才能进一步肯定自己存在的价值。所以，尊重、体谅等"礼"节，绝不是规章条文，也不是虚假问候，而是发自内心最基本也最真诚的行为。

所以，礼，绝不能、也绝不是只讲求形式，要保持彬彬有礼的态度，在现实生活中，一定要从尊重他人，关心他人出发，在社交场合中，自然也就能以平实有礼的态度与人交往和沟通。

礼貌使有礼貌的人喜悦，也使那些被以礼相待的人喜悦。如果能身体力行，适当地做到"多礼"，则必然"人不怪"而大受欢迎。所以，彬彬有礼的风度，不但能成为你最高贵的"饰物"，同时还能给你带来最佳的人缘。

注意礼节从打招呼做起

父辈们从小就教育我们要"叫大呼小"。所谓"叫大呼小"，就是见到熟人要打招呼。一声"叔叔好",除了可能带来糖果的实惠外,更可以带来人情的温暖。还记得上幼儿园时,老师教的儿歌里就有"见了老师问个好,见了同学问声早"之类的儿歌,对打招呼已经开始进行潜移默化的教育。

遇见熟人主动打招呼,致以问候,是最基本的礼貌要求。不过也不宜见人就聊个不停,影响他人做事。另外,打招呼最常用的就是"你好",而用"吃了吗?""干吗去?"这类问候语时,一定要注意场合和对方的神情。有个笑话说,某人习惯用"吃了吗"打招呼,以至于碰到刚从洗手间里出来的熟人也这样打招呼,结果会引起对方的困惑。还有,像"忙什么呢?"这类问候性的打招呼也要少用,因为这种问候会有干涉别人隐私的嫌疑,也许会令人不愉快。

很多人都有这样的感受,就是在路上遇到不很熟悉的异性觉得很尴尬,不打招呼显得不礼貌,打招呼又不太好意思。其实,不必对此过于紧张,正确的做法应该是点头示意的方式打招呼,这样既显得热情,亦不是一副冷冰冰的面孔。但是如果男士偶然在路上遇见不太熟的女士,应主动先打招呼,但表情不可过分殷勤。

如果男女两人一同上街,遇到女士的好朋友,女士可以不把男伴介绍给对方,男士在她俩寒暄时,要自觉地隔开一定距离等候,待女伴说完话后继续一同走;女士对男伴的等候应表示感谢,且与人交谈的时间不可太长,不应该让男伴等太长时间。如果遇到男士的熟朋友,男士则应该主动把女伴介绍给对方,这时女士应很礼貌地向对方点头致意。如果是两对夫妇或两对情侣路遇,相互致意的顺序应是:女士们首先互相致意,然后男士们分别向对方的妻子或女友致意,最后才是男士们互相致意。

打招呼时有一个最基本的问题,就是不要为了表示亲切而牵涉到个人私生活,要是把个人隐私方面的话题拿出来"寒暄",打这类招呼反而会引起对方的不快。

一般打招呼要热情简洁,不要太过于繁杂,其实一句普通的带着微笑的"您好",就能够拉近两人的距离了,再添加别的内容反倒成了累赘,甚至给对方以拖沓、不利索的感觉，甚至于不希望下次见到你。

何为正确的握手礼节

手能拒人千里之外，也可充满阳光，让他人感到很温暖。通常，人与人初次见面、熟人久别重逢、告辞或送行均以握手表示自己的善意，因为这是最常见的一种见面礼、告别礼。有时在一些特殊场合，如向人表示祝贺、感谢或慰问时；双方交谈中出现了令人满意的共同点时；或双方原先的矛盾出现了某种良好的转机或彻底和解时，习惯上也以握手为礼。

握手是件稀松平常的事吗？名人每天不知要握多少次手，而一般人从早到晚，接洽公务，拜访朋友，也无时无刻不需要伸出这一双沟通情感的"桥梁"。握手，实在是太普通的礼节了，但有很多人因此而忽略了它。其实，就是因为太平常，所以更应该重视，更不容掉以轻心。

那么，正确的握手礼节是怎样呢？

一般来说，当有人介绍你和朋友认识的时候，你应礼貌地主动伸出右手与对方相握，表示欢迎或高兴认识之意。如果戴着手套，应先行脱掉，再伸出手。

两手交握之际，必须注意用力得宜。太重了，像是仇人相见，要扭断对方的手；太轻了，又显得过分自负，毫无诚意。正确而又让人觉得舒适的握手方式，应该是握得紧密有力、充满热情。如果伸出来的手无力地向下低垂，且握得宽松，不但失礼，也会叫人觉得你毫无诚意。

久别重逢或是友情较深的人相见时，总是两只手握得紧紧的，并且表情愉快，这样的握手方式充分表露了对朋友的真诚，也让人深深感受到相见的欢愉气息，令人兴奋。平常与人握手时，如能本着这种"诚意"，必能为你带来更多的朋友。

聪明的男士在与人握手之时，就能留给人良好而深刻的印象，出手的轻重、摇动的方式都有一定的分寸。此外，还要注意什么时候该伸出手来，什么时候不可以，也应了解与长者相见时握手之礼当如何运用。主人周旋在宾客中时该如何？当客人应邀赴宴时，需特别注意的礼节有哪些？男女之间的握手有什么忌讳？这些都是必须随时注意的，此即所谓的"男女有别，主客不同"，不能不弄清楚。

如前所述，握手虽是一种很普通的社交礼节，却仍有它的规矩，搞错身份，随意伸手与人相握，有时会得到相反效果。

握手的礼节不但男女有别，就是主人与客人也是不同的。男士务必分清楚自己在各种场合中的身份，然后才能恰如其分地"出手"。我们知道，在社交场合中，男性与女性所应注意的礼节有很多地方都不一样，握手也是如此。

男士与女士相见，或男士被介绍给女士时，应等女士伸出手来，才可以伸出手去和她相握，而且握的时候，也应轻轻地握，不可像和同性握手一样用力摇动，以免握痛女士们的纤纤玉手。还有一点必须特别注意的是，男士与女士握手时，应先脱掉手套，而且必须站立，而女士们则尽可坐着，或戴着手套与人握手，这是西方人"女性优先"的传统。

如果女士没有与你握手的意思，则身为男士的你，只要欠身点头，微笑为礼就够了，千万不要冒冒失失地攫住她的手，摇之、撼之，这样轻则惹人生厌，重则可能惹出无谓的风波。有些女士，尤其是未婚女子，多半比较拘束，或不惯与男性握手，这时你要是先把手伸出去，会让对方十分为难。这点身为男士，不可不知，否则很可能会在大庭广众前出丑。

主、客在握手礼节上也是有差别的。

主人处于迎候与招待客人的地位，客人则是被欢迎和受招待的，于是主客之礼必须弄清楚。身为主人，在宴客的场合中，必须先伸出手来与客人握手，绝对不可以等客人先伸出手来，才与他相握，而在送客的时候，应与客人一一握手道别，并感谢对方接受邀请。

如果是客人，当主人向你伸出手来的时候，你必须立刻回握住他的手，切勿东张西望或犹豫不决。倘若告别的人很多，主人一时未能跟你握手，那你就应等候片刻，千万不可不辞而别，或争先伸出去乱握一阵，那是很不礼貌的，不仅会令主人感到不悦，也会让人觉得你举止失态，没有风度。

一个风度翩翩、彬彬有礼的男士，对"握手"这种细微的社交礼节会加以注意的——适时"出手"，才不会"握错手"，才能把友谊送出去，再把对方的友谊接受过来。

最后，重复几项要点多加注意：

（1）与人握手，一定要用右手，切忌以左手和人相握（右手有伤可先声明，以左手代替亦可）。

（2）不可先伸出手握女士的手，除非她先伸出手来。

（3）在公车、戏院等拥挤或相隔很远的场合，不必握手，只需点头为礼。

（4）当对方两手抱着物品，不方便握手时，千万别伸出你的手，免得对方不知所措。

（5）在任何情况下，拒绝对方主动要求握手的举动都是无礼的，但手上有水或不干净时应谢绝握手，同时必须解释清楚并致歉。

不起眼的握手，细究起来也有很多门道。只有熟悉并运用这些知识，才能做到"出手不凡"。

送礼是一种社交艺术

送礼在今日已成为社会的常规，几乎是人人都有礼可送，也有礼可受。送礼已经成为一种生活习惯。所以，即使有人把这种习惯发挥得淋漓尽致——礼物送得满天飞，大家也视为平常，所谓"礼多人不怪"。

可是，"送礼"并不是随随便便买件东西送人就可以敷衍过去的，其中学问很多。比方说，丈母娘生日、顶头上司添丁、邻居小孩考上大学、业务对象有喜事……该送什么礼物？什么时候送？都得挖空心思大费周章。

平心而论，送礼的确是一种社交艺术。一份适时宜人的礼物能使你赢得更多的友谊，甚至可替你化解难题或助你青云直上；相反的，不合时宜的礼物不仅无法表达你的心意，还徒然令人觉得你庸俗、唐突，甚至有贿赂之嫌。所以千万不可等闲视之。

世事洞明皆学问，人情练达即文章。在复杂的社会里，要求有立足之地，就必须通晓人情世故；要懂得人情世故，首先就要知礼。具体一点说，在礼节的范畴里，送礼就是最能表现人情的方式。逢年过节送给长辈、老师、上司一份礼物，恭贺他节日愉快，对方必定欣然接受，并会在内心称赞你有礼；朋友结婚、生子，备上一份礼，并附上几句祝贺之词，必给对方带来无比的温馨，在感念你的体贴周到之余，彼此友谊也会因而增进；至于太太或女朋友，她的生日或属于你俩的纪念日，一份别出心裁的礼物，更能使爱情加深。

由此可见，送礼虽然表面上是"施"，实际上却是"受"。因为亲朋好友都接受了你的情意，你在他们的心目中已投下了"富有人情味"的印象，有人情味的人，必然受到人们的欢迎。

当你有了困难、介入纠纷或工作无着，需要有力人士调解、帮忙时，一份礼往往可化解很多的困难。在商场上，最懂得送礼的人，公共关系必然极好，可想而知，他必生意兴隆、财源滚滚。一般人想要促成某事，要靠自身的努力，但要是有"礼"来推波，则可助长其成，令其捷足先登。

希腊哲人苏格拉底说："最有希望的成功者，并不是才干出众的人，而是那些知道善用方法去发掘开拓的人。"要想与人和谐相处、事业成功，礼就是最有效的利器之一。如果你能巧于施礼，则已经迈向成功的大道。

那么，到底送什么才算恰当呢？首先你要弄清楚送礼的原因、受礼人与你的关系以及他的偏好等。送礼的原因很多，大致可分为两种，一种是习惯上互送礼物的日子，如逢年过节；另一种是特殊节日，如结婚、生子、生日、乔迁、升职、毕业、出国等，每一种原因大都有约定俗成的礼物，如春节送腊肉、香肠、干货，生日送蛋糕、寿桃，结婚则送喜账、家具等，如果能别出心裁，当然更受欢迎。

一般来说，送厚礼总是令人有备受重视的感觉，但如果交情很浅，礼物太贵重反而令人受窘，收也不是，不收也不是。为避免弄巧成拙，彼此的分界必须把握得恰到好处。再者，平时多注意亲朋好友的喜好，一旦需要送礼，就可择其所爱，送上一个小礼物，这样，收礼人对你的细心体贴必然分外感激。

送礼有一些忌讳。除了应避免在别人的寿辰送钟以外，在一般人的送礼习惯上，还有一些禁忌。譬如，最好不要送伞给朋友，因为伞与"散"同音，收到伞的人，会疑心你暗示要跟他分散，除非你有此心，否则请勿造成不必要的误会。送刀剑给人更属不当，往往令人产生很坏的联想，法国人认为刀剑会切断友谊，中国人则说会破坏关系。此外，手帕象征男女分手，如果你糊里糊涂地将手帕送给女友，那就别怪她第二天不理你。绿帽子在中国人眼里是太太红杏出墙之意，所以千万不要送绿色帽子给已婚男士，万一引起家庭纠纷，你的麻烦可大了。

此外，送礼还须注意几个问题：第一，别人送的礼物，不宜转送他人，否则对原送礼人和受礼人都不礼貌。第二，最好不要在受礼人居处附近购买礼物，以免造成"临时起意"之嫌，让人觉得你缺乏诚意。第三，注意包装。草率的包装甚至没有包装的礼物，都会令人产生不受尊重的感觉。第四，中国人送礼时绝不提钱，所以务必将礼品的价格标签取下，否则对受礼人就太失礼了。

无论如何，礼虽有大小之分、轻重之别，但只要施送合适，就能收异曲同工之妙。贵重的礼品有其当送的对象，小小的礼物也自然令人欢悦的地方，只是看如何赠送罢了，所谓"运用之妙，存乎一心"，就是这个道理。

掌握送礼的六大技巧

送礼者最头疼的事，莫过于对方不愿接受，或严词拒绝，或婉言推却，战事后送回，这都令送礼者十分尴尬。那么，怎样才能防患于未然，一送中的呢？关键在于借口找的好不好，送礼的道理圆不圆，你的聪明才智应该多用在这些方面。送礼通常有以下六大技巧。

1.打土特产牌

礼物选用家乡的土特产品。可以说回老家一趟，顺便捎了点儿土特产品，让对方尝个新鲜。对于这些东西，无论是亲朋好友，还是上级、同事，一般都不会拒收。

2.踏雪无痕

如果想送给朋友烟酒一类的东西，可以用不露痕迹的方式送过去。跟他打声招呼："今晚上你那儿聚一聚，你准备菜，我带酒。"到时带上酒和烟，喝一瓶留一瓶，顺手把烟也给留下。礼也送了，感情也深了，踏雪无痕，是高超的技巧。

3.巧借东风

有时想给人送礼，但又跟受礼者不熟，不好唐突。这时可以找到受礼者的熟人，让他引见一下，如选择受礼者的喜庆之日，跟着他的熟人一块儿去贺礼，有熟人引见，受礼者一般不会拒礼。第一次见面后，下次你就可以自己去和他联系感情了。

4.投其所好

一位下属平时受上司照顾颇多，心存感激，只是苦于没有机会报答。有一天，他偶然发现上司喜欢养金鱼，就到处寻觅，总算弄到了几种稀有品种，放到了上司的鱼缸里，令上司喜笑颜开，下属回报的愿望也终于实现了。

5.人情也是礼

送礼有时不一定要买实物、给人实惠，与人方便也是一种礼品，如利用你的关系帮助朋友买到低于市价的东西，帮朋友的孩子升学、转学等，你可能未花分文，只是帮他找找人、托托关系，对方已经将你这份"人情"当礼物收下来，记在心中了。这样，你收到的效果与送礼一般无二了。因此，你可以充分调动手中的关系网，把你的礼品用人情的方式送出去，既安全又实惠。

6.醉翁之意

有时给家庭困难的人送礼，要充分尊重他们的自尊心，以免让人感觉你是在居高临下地施舍。如果是送实物，可以说这东西搁在家里也是闲着，让他拿走先用，等以后自己要用了再找他要回来。如果送钱的话，可以说先拿去花，以后有钱了再还。这样，既达到送礼的目的，又照顾了对方的自尊心。

拜访别人应进度有度

拜访和串门子不同，串门子多半是指街坊好友间的往来，随兴之所至，要来就来，想谈就谈；如果说有目的，顶多只是加深既有的情谊而已。专程拜访则是无事不登三宝殿，开口也必须"言必有物"，对象则大多数是新结识的朋友、德高望重的长辈，或有利益相关的人，所以拜访时的礼节就不像串门子那样轻松随意了。

在一般的情形之下，到别人住处去拜访是有许多好处的。

第一，向对方表示你的敬意，也是表示你想接近对方的诚意。如果双方的地位不是过于悬殊，被拜访的人一定要"回拜"的；如果晚辈去拜访长辈，下属去拜访上司，那么长辈和上司都不必回拜晚辈和下属。

例外的情形也是有的，如果长辈去拜访晚辈，上司去拜访下属，那常常被晚辈和下属认为是一种特殊的光荣。

第二，到对方住所去拜访，多少是为对方着想，因为对方在自己家里，可以随便很多，不必穿着整齐，也节省外出的时间。

第三，容易对对方有较深刻的认识，因为对方所住的地方、对方的家人和对方家里的布置装饰等，都会使你更加深入地认识对方、了解对方。譬如，对方家里有一架钢琴或高级音响，那多少可以知道他对音乐有兴趣。从对方所有唱碟的种类，又可以看出对方喜欢哪一种音乐，是古典音乐还是流行音乐，是中国音乐还是外国音乐。此外对方墙上所挂的图画、相片以及他所有的书籍、报章杂志、小摆设、纪念品等，都可以增加你对他的了解。有时，对方向你解说他的相册，那你对他的过去也会得到更多的认识。

第四，在对方住处谈话比在公共场所气氛容易融洽，使双方都在一种先拘无束的情调里面畅所欲言，并且比较容易接触到彼此的私生活，给大家的友谊发展做了良好的准备。如果能够常到对方住处去拜访，双方的关系会很快密切起来的。

第五，到对方住处去拜访，还可以有和他的家人接近的机会。如果你同时也结识了他的父母、兄弟姊妹、妻子儿女，或是和他同住的亲戚朋友，那么，你和对方的友谊关系就发展得更密切、更巩固了。古语说："君子爱屋及乌"，如果你对一个人真有好感，你必定会对他的亲人和挚友同样产生兴趣的。

在拜访之前，最好用口头或电话约定一个时间，然后再去拜访。这不仅可以避免自己吃"闭门羹"，也是对他人的尊重。

如果没有和对方约定时间，拜访的时间一定要非常短，因为对方没有准备，如果拜访的时间长了，就可能耽误他的事情。在这种情形之下，对方为了礼貌，可能还是热情地挽留你多坐一会儿，但是你千万不要依依不舍，宁可下次约定一个方便的时间、场所再作长谈。

即使约定了时间，拜访的时间也以20分钟到1小时为限。如果对方兴致很好，不妨再多谈半小时。最好不要拖下去。宁愿和对方在兴趣甚浓时分手，不要拖到没有兴趣的时候不欢而散。在兴趣甚浓时分手，留给对方无穷的回味，这样来日相会才有期；如果不欢而散，双方的友谊就难以继续发展。

如果看见对方心不在焉或是不大说话，这时，他多半是有什么事情等待着要办，或是心情不大好，这时你就要准备告辞。告辞的时候，还是要保持愉快的心情，好像能够和对方会面已经非常满足，不要表露出失望或不满足的情绪，以免使对方有歉疚感。

如果有什么事情要和对方商讨或请教，那么就"开门见山"、表明来意，千万不要东拉西扯，浪费许多时间。如果在你说明来意之后，对方表示愿意现在和你谈谈，那么你就要问对方有多少时间可以让你支配。如果时间到了，问题还没有头绪或还没有全部解决，除了对方表示可以继续谈下去之外，要立即结束谈话，把还没有谈完的事情留到下次有机会再谈。临去时，不要忘记向对方表示谢意。

一般人最容易犯的毛病就是过于重视自己的问题，如果得不到圆满的解决就无限制地拖延下去。结果耽误了别人的事情，妨碍了别人的生活秩序，使对方产生了不良的印象，也就破坏了彼此刚建立起来的友谊。

在和对方谈话时，还应该留心一下环境的变化，譬如，也许对方的妻子或小孩在催促他做什么事情，那么，即使对方本人兴致很高，你也应该立即告辞。如果遇见有另外的朋友来访问对方，你也应该告辞，以免妨碍他们的谈话。

拜访对方的时间，在一般情形之下多半是在假期的下午、平日的晚饭后，避免在对方吃晚饭的时间去找他；如果对方有午睡的习惯，也不要在午饭去找他；更不要在对方临睡的时候去找他，一般在晚上9点半以后已经不适宜去访问了。

敬语与谦辞能显示一个人的修养

莎士比亚说："要是你想要达到自己的目的地，你必须用温和一点儿的态度向人家问路。"

中国自古有"礼仪之邦"的美称，加上一些传统的敬语与谦辞，使这种文化因此而更丰盛。在适宜的场合，年轻人若能适当地用一些传统的敬语与谦辞，既能够显示出一个人的修养，又能让对方产生好感。如：

初次见面说"久仰"，久别重逢说"久违"；
请人批评说"指教"，求人原谅说"包涵"；
求人帮忙说"劳驾"，求人方便说"借光"；
麻烦别人说"打扰"，向人祝贺说"恭喜"；
请人看稿称"阅示"，请人改稿说"斧正"；
求人解答用"请问"，请人指点用"赐教"；
托人办事用"拜托"，赞人见解用"高见"；

看望别人用"拜访"，宾客来至用"光临"；

送客出门说"慢走"，与客道别说"再来"；

陪伴朋友用"奉陪"，中途先走用"失陪"；

等候客人用"恭候"，请人勿送叫"留步"；

欢迎购买叫"光顾"，物归原主叫"奉还"；

对方来信叫"惠书"，老人年龄叫"高寿"；

自称礼轻称"菲仪"，不受馈赠说"反璧"。

上面这些客套话，都属敬语和谦辞，如能恰当运用它们，会让人觉得你彬彬有礼，貌若君子，很有教养。它可以使互不相识的人乐于相交，熟人更加增进友谊；请求别人时，可以使人乐于提供帮助和方便；发生矛盾时，可以相互谅解，避免冲突；洽谈业务时，使人乐于合作；在批评别人时，可以使对方诚恳接受。

在称呼方面也要注意一些问题，不可犯某主持人称别人父亲为"家父"的弱智错误。

称呼长辈或上级可以用老同志、老首长、老领导、老先生、大叔、大娘、叔叔、伯伯等；

称呼平辈可以用兄、姐、先生、女士、小姐等；

询问对方姓名可用贵姓、尊姓大名、芳名（对女性）等；

询问对方年龄可用高寿（对老人）、贵庚、芳龄（对女性）等。

敬语中，"请"字功能很强，是语言礼仪中最常用的敬语，如"请""请坐""请进""请喝茶""请就位""请慢用"等。"请"字带来了人际关系的顺利进展，交往的顺利进行。

谦语就是自谦的话，使用正确的谦语，能使对方与自己的距离缩短，为彼此的谈话奠定友好的基础和融洽的气氛。在社会上与人相处时，如果不会正确使用恰当的谦语，就会对自己造成不利的影响，引起别人的猜忌、困惑或反感，甚至使别人误会了自己的好意，从而给人留下不佳的印象，因此要格外谨慎地使用谦语。

谦语较敬语数量要少一些。如谦称自己用在下、鄙人、晚生等。

谦称家人可以用家父、家母、家兄、舍妹、小儿、小侄、小婿等。

当言行失误之时，说"很抱歉""对不起""失礼了""不好意思"等。

请求别人谅解之时，可说"请包涵""请原谅""请别介意"。

有些敬语或谦语是把日常使用语进行文雅化的修饰，而使之成为日常通用的谦让语。比如，把"我家"说成"寒舍"，把"我到您那儿去"说成"我去拜访您"，把"请您看看"说成"请您过目"，把"我认为"说成"以我的肤浅之见"，把"您收下"说成"请笑纳"等，都是这样的。

家中有客人来访时，端出茶点向客人说："你吃不吃？"这是很无礼的，应该泡茶一杯，说："请您尝尝看。"或说："请您慢用。"这才较为合适。

值得注意的是，敬语和谦辞不可滥用。如果大家在一起相处很久了，特别是非正式场合中，有时就可不必多用谦让语。熟人之间用多用滥了谦让语，反而会给人一种迂腐或虚伪之感。

当然在平时，即使你是率直、不拘小节的人，对别人说话时也应尽量注意礼貌及谦和的态度，如此习惯性地以诚恳的口吻说："请""谢谢""对不起""您好""麻烦您""抱歉""请原谅"等谦让语，必定会让他人对你心生好感。

举止不得体的表现有哪些

当你和别人谈话时，尤其是当你的朋友正在滔滔不绝地高谈阔论时，你在一旁感到有些疲倦了，你能忍住不把你的嘴巴大大地张开吗？

在社交场合，在人前打哈欠给别人留下的印象是：这个人不耐烦了。

当你留给别人一个不耐烦的印象时，那么你先前的言行举止很可能都被看作是虚伪的自我炫耀。为什么呢？因为你只对自己感兴趣，而不把别人放在眼里。

不要以为你疲倦了打个哈欠是很自然的，但是，别人永远都不会这么想。

有些人手痒，只要他看见什么可以用，就拿过来掏耳孔挖鼻子，似乎里面藏有许多宝物一样。

尤其是在餐厅里，大家正在饮茶、吃东西的时候，挖鼻孔、掏耳朵之类的不雅之举，往往让旁观者感到恶心，无心再吃什么，某些女性甚至因此而反胃呕吐不止。

这个小动作在自己可能感觉很舒适，但在别人看来，则是失礼得很。即使你真的痒得难受一定要解决时，不妨暂时离开并表示歉意。此时此地也不是时候！

我们经常发现有人在坐着的时候，双腿犹如痉挛般地不停颤动，有时还伴随着上身的摇晃，连头也不可避免地动了起来。而此时，他的表情往往是很洋洋自得的，丝毫不顾及他人的感觉。

谁会喜欢这种吊儿郎当的人？双腿颤动不停，不但令对方视线不舒服，而且也给人以情绪不安定的感觉。

这时，你的仪表再潇洒也会在瞬间荡然无存了。

记得系好拉链和鞋带。鞋带忘记系上或是裤子拉链忘记拉上，在大庭广众的场合，无疑是件有伤大雅的事。

有些年轻人喜欢留长指甲。这并没有什么不好，但你一定要保持指甲里清洁。疏于清理指甲内的污垢，当和对方握手或者自己取烟、用筷时，半月形的指甲污垢赫然在目，实在不雅之至！

第七章　和为贵，朋友多了路好走

孟子把"天时、地利、人和"看作是战争中的三个要件，其实，战争如此，政坛如此，干工作事业如此，人生的成败也是如此。

"和为贵"，这是古今中外成功者最推崇的处世哲学。《菜根谭》里这样写道："天地之气，暖则生，寒则杀。故性气清冷者，受享亦凉薄。唯和气热心之人，其福必厚，其泽亦长。"

人在社会上或在工作中表现出的人与人的关系是一种相互依存的关系，我们不仅肩负着共同的事业，而且也有很多工作必须依靠大家合作协作才能完成，否则，互相拆台，暗中作梗，明处捣乱，要想把一件事情做好是不大可能的。而让周围的人都能齐心协力、团结合作，自然需要有和谐一致的气氛。倘若同事之间情感上互不相容，气氛上别扭紧张，就不可能团结一致地完成工作任务。

当然，每个人都有自己的个性、爱好、追求和生活方式，因各自的教养、文化水平、生活经历等不同，不可能也不必要求每个人都处处与他所处的群体合拍，但是，任何一项事业的成功，都不可能仅靠一个人的力量，谁也不愿意成为群体中的不团结因素，被别人嫌弃而"孤军作战"。俗话说，"人心齐泰山移"，只要我们在集体中都能团结一致、友善待人，就没有克服不了的困难。

要有主动"让道"的精神

有些年轻人血气方刚，有时会为一些鸡毛蒜皮的小事争得面红耳赤，谁都不肯甘拜下风，以致大打出手，事后静下心来想想，当时若能忍让三分，自会风平浪静，大事化小、小事化了，最终言归于好。事实上，越是有理的人，如果表现得越谦让，越能显示出他胸襟坦荡，富有修养，反而更能得到他人的钦佩。

汉朝时有一位叫刘宽的人，为人宽厚仁慈。他在南阳当太守时，小吏、老百姓做了错事，为了以示惩戒，他只是让差役用蒲草鞭责打，使之不再重犯，此举深得民心。刘宽的夫人为了试探他是否像人们所说的那样仁厚，便让婢女在他和属下集体办公的时候捧出肉汤，故作不小心把肉汤洒在他的官服上。要是一般的人，必定会把婢女责打一顿，至少也要怒斥一番。但是刘宽不仅没发脾气，反而问婢女："肉羹有没有烫着你的手？"由此足见刘宽为人宽容之肚量确实超乎一般人。

还有一次，有人曾经错认了刘宽家驾车的牛，硬说牛是他的。刘宽什么也没说，叫车夫把牛解下给那人，自己步行回家。后来，那人找到自己的牛，便把牛送还刘宽，并向他赔礼道歉，刘宽反而安慰那人。

这就是有理让三分的做法，刘宽的肚量可谓不小。他感化了人心，也赢得了人心。

人人都有自尊心和好胜心，在生活中，对一些非原则性的问题，我们为什么不能主动显示出自己比他人更有容人之雅量呢？ 俗话说，人无完人，每个人都难免会偶有过失，因此每个人都有需要别人原谅的时候。不过每个人对待自己的过错，往往不如看他人的那样严重，我们常把注意力集中在人家的过错上，因此，对于他人的过错当然不能原谅，而对于自己的过错就比较容易原谅，即使有时不得不承认是自己的过错，也总觉得是可以宽恕的，因此，无论我们自己是好是坏，我们总是能够容忍自己。

问题是轮到我们评判他人的时候，情形就不一样了。我们总是用另外一副眼光，百般挑剔地去发现他人的不对。例如，假使我们发现了他人说谎，我们将会严厉地谴责对方的不诚实，狠批其错误根源。可是谁又敢于保证自己从没说过一次谎？

大部分人一旦陷身于争斗的旋涡，便不由自主地焦躁起来，有时为了自己的利益，甚至是为了面子，也要强词夺理，一争高下。一旦自己得了"理"，便决不饶人，非逼得对方鸣金收兵或自认倒霉不可。然而这次"得理不饶人"虽然让你吹着胜利的号角，但也成了下次争斗的前奏。因为这对"战败"的对方也是一种面子和利益之争，他当然要伺机"讨"还。

在这种时候，我们为什么就不能像刘宽那样，即使自己有理，也应让别人三分呢？其实，有些时候给他人让出了台阶，也是为自己留下一条后路。

宽以待人，要有主动"让道"精神，宽容让人。在与他人交往中常常会因为对信息的意义理解不一，个性、脾气、爱好、要求的不统一，价值观念的差异就会产生矛盾或冲突，此时我们应记住一位哲人的话："航行中有一条公认的规则，操纵灵敏的船应该给不太灵敏的船让道。我认为，这在人与人的关系中也是应遵循的一条规律。"

因此，做一个能理解、容纳他人的优点和缺点的人，才会受到他人的欢迎。相反，那些只知道对人吹毛求疵，又没完没了地批评说教的人，怎么会拥有亲密的朋友呢？人们对他只有敬而远之！

人们往往把大海比作宽广的胸怀，因为大海能广纳百川，也不拒暴雨和巨浪；也有人把忍耐性比做弹簧，弹簧具有能伸能屈的韧性。有人说过这样一句话："若想在困难时得到援助，就应在平时宽以待人。"就是说，应包容接纳、团结更多的人，在顺利的时候共同奋斗，在困难的时候患难与共，进而为自己增加成功的能量，创造更多的成功机会。反之，如果一个人包容度低，则会使大家疏远他，在其成功的道路上，人为地增加了阻力。

宽以待人，要将心比心，推己及人。推己及人，是以自己为标尺，衡量自己的行为举止能否为人所接受，其依据是人同此心，心同此理，将心比心，设身处地。还可以用角色互换的方法，假设自己站在对方的位置上，想一想对方会有什么反应、感觉，从而理解他人，体谅他人，懂得了这点，当别人理短时就会大度地宽容他人，他人才会在自己理短时容让你，以此建立相互宽容的人脉关系网。

太较真会活得太累

怎样做人是一门很深的学问，甚至用毕生精力也未必能探出个中因果的大学问，多少不甘寂寞的人穷究原委，试图领悟到人生真谛，塑造出自己辉煌的人生。然而人生处世哲理的复杂性，使人们不可能在有限的时间里洞悉其全部内涵，但人们对人生的理解和感悟又总是局限在某件事的启迪上，比如，做人不能太较真，便是其中一理，这正是有人活得潇洒，有人活得太累的原因之所在。

做人固然不能玩世不恭，游戏人生，但也不能太较真，认死理。"水至清则无鱼，人至察则无友"，太认真了，就会对什么都看不惯，连一个朋友都容不下，把自己同社会隔绝开。镜子很平，但在高倍放大镜下，就成了凹凸不平的山峦；肉眼看很干净的东西，拿到显微镜下，满目都是细菌。试想，如果我们"戴"着放大镜、显微镜生活，恐怕连饭都不敢吃了。再用放大镜去看别人的毛病，恐怕许多人都会被看成罪不可恕、无可救药的了。

人非圣贤，孰能无过。与人相处就要互相谅解，经常以"难得糊涂"

自勉，求大同存小异，有胆量，能容人，你就会有许多朋友，且左右逢源，诸事遂愿；相反，过分挑剔，"明察秋毫"，眼里不揉半粒沙子，什么鸡毛蒜皮的小事都要论个是非曲直，容不得人，人家也会躲你远远的，最后，你只能关起门来当"孤家寡人"，成为使人避之唯恐不及的异己之徒。古今中外，凡是能成大事的人都具有一种优秀的品质，就是能容人所不能容，忍人所不能忍，善于求大同，存小异，团结大多数人。他们具有宽阔的胸怀，豁达而不拘小节；大处着眼而不会鼠目寸光；从不斤斤计较，纠缠于非原则的琐事，所以他们才能成大事、立大业，使自己成为不平凡的人。

但是，如果要求一个人真正做到不较真、能容人，也不是简单的事，首先需要有良好的修养、善解人意的思维方法，并且需要经常从对方的角度设身处地地考虑和处理问题，多一些体谅和理解，就会多一些宽容，多一些和谐，多一些友谊。比如，有些人一旦做了官，便容不得下属出半点毛病，动辄横眉立目，发怒斥责，属下畏之如虎，时间久了，必积怨成仇。许多工作并不是你一人所能包揽的，何必因一点点毛病便与人怄气呢？可如若调换一下位置，站在挨训人的立场，也许就会了解这种急躁情绪之弊端了。

有位同事总抱怨他们家附近小店卖酱油的售货员态度不好，像谁欠了她巨款似的。后来同事的妻子打听到了女售货员的身世，她丈夫有外遇离了婚，老母瘫痪在床，上小学的女儿患哮喘病，每月只能开四五百元工资，一家人住在一间15平方米的平房。难怪她一天到晚愁眉不展。这位同事从此再不计较她的态度了，甚至还建议大家都帮她一把，为她做些力所能及的事。

在公共场所遇到不顺心的事，实在不值得生气。有时素不相识的人冒犯你，其中肯定是另有原因，不知哪些烦心事使他此时情绪恶劣，行为失控，正巧让你赶上了，只要不是恶语伤人、侮辱人格，我们就应宽大为怀，不以为然，或以柔克刚，晓之以理。总之，没有必要与这位原本与你无仇无怨的人瞪着眼睛较劲。假如较起真来，大动肝火，枪对枪、刀对刀地干起来，再酿出个什么严重后果来，那就太划不来了。与萍水相逢的陌路人较真，实在不是聪明人做的事。假如对方没有文化，与其较真就等于把自己降低到对方的水平，很没面子。另外，从某种意义上说，对方的触犯是发泄和转嫁他心中的痛苦，虽说我们没有义务分摊他的痛苦，但确实可以你的宽容去帮助他，使你无形之中做了件善事。这样一想，也就会容忍他了。

清官难断家务事，在家里更不要较真，否则你就愚不可及。老婆孩子之间哪有什么原则、立场的大是大非问题，都是一家人，何以要用"异己分子"的眼光看问题，分出个对和错来，又有什么意思呢？人们在单位、在社会上充当着各种各样的角色，恪尽职守的国家公务员、精明体面的职员商人，还有教师工人，一回到家里，脱去西装革履，也就是脱掉了你所扮演的这一角色的"行头"，即社会对这一角色的规范和要求，还原了你的本来面目，使你可以轻松愉悦地享受天伦之乐。假若你在家里还跟在社会上一样认真、一样循规蹈矩，每说一句话、做一件事还要考虑对错、妥否，顾忌影响、后果，掂量再三，那不仅可笑，也太累了。我们的头脑一定要清楚，在家里你就是丈夫、就是妻子、是母亲。所以，处理家庭琐事要采取"绥靖"政策，安抚为主，大事化小，小事化了，不妨和和稀泥，当个笑口常开的和事佬。具体说来，做丈夫的要宽厚，在钱物方面睁一只眼，闭一只眼，越马马虎虎越得人心，妻子对娘家偏点心眼，是人之常情，你根本就别往心里去计较，那才能显出男子汉宽宏大量的风度。妻子对丈夫的懒惰等种种难以容忍的毛病，也应采取宽容的态度，切忌唠叨起来没完，嫌他这、嫌他那，也不要在丈夫偶尔回来晚了或有女士来电话时，就给脸色看，鼻子不是鼻子脸不是脸地审个没完。看得越紧，逆反心理越强。索性不管，让他潇洒去，看他有多大本事，外面的情感世界也自会给他教训，只要你是个自信心强、有性格有魅力的女人，丈夫再花心思，也不会与你隔断心肠。就怕你对丈夫太"认真"了，让他感到是戴着枷锁过日子，进而对你产生厌倦，那才会发生真正的危机。家庭是避风的港湾，应该是温馨和谐的，千万别把它演变成充满火药味的战场，狼烟四起，鸡飞狗跳，关键就看你怎么去把握了。

有位智者说，如果大街上有人骂他，他连头都不会回，因为他根本不想知道骂他的人是谁。因为人生如此短暂和宝贵，要做的事情太多，何必为这种令人不愉快的事情浪费时间呢？这位先生的确修炼得颇有城府了，知道该干什么和不该干什么；知道什么事情应该认真，什么事情可以不屑一顾。要真正做到这一点是很不容易的，需要经过长期的磨炼。如果我们明确了哪些事情可以不认真，可以敷衍了事，我们就能腾出更多的时间和精力，全力以赴认真地去做该做的事，这样我们成功的机会和希望就会大大增加；与此同时，由于我们变得宽宏大量，人们就会乐于同我们交往，我们的人脉就会更加健康顺畅，事业亦伴随他人的帮衬与扶持稳步走向成功。在享受友情、亲情的同时，体验着成功的快感，实乃人生的一大幸事。

每个人都有自己的处世原则

一只鹦鹉与一只乌鸦一起被关在一个鸟笼里，鹦鹉觉得自己很委屈，竟和这么一个黑毛怪物在一起："多么黑多么丑啊！多难看的样子，多呆板的面部表情啊！如果谁在早晨看它一眼，这一天都会倒霉的。再没有比和它在一起更令人讨厌的了。"

同样奇怪的是，乌鸦和鹦鹉在一起也感到不愉快。乌鸦抱怨自己时乖命蹇，竟和这么一只令人难受的花毛家伙在一起。乌鸦感到伤心和压抑："怎么穿了一件花里胡哨的衣服！瞧那只丑陋的嘴，居然还说些不知所云的胡话！吃东西的样子也不雅，看见人来就献媚……"

乌鸦和鹦鹉可以说都是悲剧性的人物，作为禽类，本为同根而且还身处困境，干吗总是感觉对方"丑陋"呢？这是因为它们是在用自己的标准去要求他人。

别人都有自己的一套处世方式与原则，我们没有必要用严苛的眼光来要求朋友。

当今社会是一个愈来愈开放的时代，各人都有各人的精彩。有人喜欢在鼻子上吊个环，有人喜欢穿露脐装……踏实型人是不会这样做的，但是要知道，不能因为自己不这样做而厌恶、攻击他人的做法。踏实型人的规矩是自己制订的，那就自己遵守好了，千万不要用此规矩去要求他人。否则，会在社交中处于孤立状态。

学会"爱"你的仇人

与人交往，总会有磕磕碰碰，总会遇到使自己不愉快的人。发泄一通固然痛快，但却会因此获罪于人，无意中为自己树立了敌人。要想成为一个人脉高手，有些时候，应该像圣经上说的那样"爱你的'敌人'"那样大度。

有一部电影描述了一个这样的故事：

美国西部拓荒时期，一位牧场的主人因为全家大小被土匪枪杀，因而变卖牧场，从此浪迹天涯寻机复仇。

家破人亡的深仇大恨谁都想报，可是当这牧场主人花了十几年的时间找到凶手时，才发现那位凶手已年老体衰、重病缠身，躺在床上毫无抵抗能力，他用虚弱的声音请求牧场主人给他致命的一枪，牧场主人把枪举起，又颓然地放下。

牧场主人沮丧地走出破烂的小木屋，在夕阳照着的大草原中沉思，他喃喃自语："我放弃了一切追求，虚度几十年寒暑，如今找到了仇人，我也老了，报仇又有什么意义呢……"

电影的故事是人编写的，但编剧者根据的也是现实生活，因此这虽然是电影故事，但提供给人们深刻的反省，而这反省也就是我们强调的"有仇不报是君子"的道理。

首先来看看一个人要"报仇"所需的投资。

精神的投资——每天计划"报仇"这件事，要花费很多精神，想到恨之切齿处，精神情绪的剧烈波动，更有可能影响到身体的健康。

财力的投资——有人为了"报仇"而耽误了一辈子的事业，大有"玉石俱焚"的味道，就算不放下一辈子的事业，也要花费不少的精力、财力做部署的工作。

时间的投资——有些"仇恨"不是说报就能报，3年、5年、8年、10年、甚至20年、40年都有可能报不成，就算报成了吧，自己也年华老去了。

由于"报仇"此事投资颇大，而且还不一定报得成，而不管报得成或报不成，只要"报仇"，你不只心动而且行动，那么自己都要元气大伤，因此我们还是主张"有仇不报"。

一个成熟的人、有智慧的人知道轻重，知道什么东西对他有意义、有价值，"报仇"这件事虽然可消"心头之恨"，但"心头之恨"消了，也有可能失去了自己，所以"君子"有仇不报。

人和动物有些方面是不同的，动物的所有行为都依其本性而发，属于自然的反应；但人不同，经过思考，人可以依当时需要，做出各种不同的行为选择，例如——学会"爱"你的仇人。

"爱"你的仇人，这是件很难做到的事，因为绝大部分人看到仇人都会有灭之而后快的冲动，或环境不允许或没有能力消灭对方，至少也会保持一种冷淡的态度，或说说让对方不舒服的嘲讽话，可见要"爱"敌人是多么难。

就因为难，所以人的成就才有高有低，有大有小，也就是说，能当众拥抱仇人的人，他的成就往往比不能"爱"仇人的人高大。

此话怎讲？

能"爱"自己的仇人的人是站在主动的地位，采取主动的人是"制人而不受制于人"，你采取主动，不只迷惑了对方，使对方搞不清你对他的态度，也迷惑了第三者，搞不清楚你和对方到底是敌是友，甚至都有误认你们已"化敌为友"。可是，是敌是友，只有你心里才明白，但你的主动，却使对方处于"接招""应战"的被动态势，如果对方不能也"爱"你，那么他将得到一个"没有器量"之类的评语，一经比较，二人的分量立即有轻重。所以当众拥抱你的仇人，除了可在某种程度之内降低对方对你的敌意，也可避免恶化你对对方的敌意。换句话说，为敌为友之间，留下了条灰色地带，免得敌意鲜明，反而阻挡了自己的去路与退路。地球是圆的，天涯无处不相逢。

此外，你的行为，也将使对方失去再对你攻击的立场，若他不理你的拥抱而依旧攻击你，那么他招致他人的谴责。

而最重要的是，"爱"你的仇人这个行为一旦做了出来，久了会成为习惯，让你和人相处时，能容天下人、天下物，出入无碍，进退自如，这正是成就大事业的本钱。

所以，竞技场上比赛开始前，二人都要握手敬礼或拥抱，比赛后也一样再来一次，这是最常见的当众拥抱你的仇人——竞争对手。

"爱"你的仇人是年轻人在社交中很重要的一课，也是最难的一课。连仇人都可以"爱"，还有什么不可放下，还有什么人不能爱，拥有这种气量的人，他本身就已经具有了很大的能量。铸剑为犁，化敌为友，如果通不过这一关，我们始终进不了社交最高境界。

与两面三刀的人交往要谨慎

在你的人脉关系网中，免不了会有这样的人物：他当面奉承你，转过身去却嗤之以鼻；他对你心怀不满，但当面总是笑脸，背后到处拨弄是非……这类人，有着两张面孔，有着双重人格。这种人是你人脉关系网中的拦路虎。

我们都期待着自己具有纯洁畅通的人脉，而你一旦发现自己的同事、伙伴中有一些诸如圆滑、世故、两面三刀之类的人，又不可能立即撕破脸，与之断交，这时该如何办呢？

两面三刀的人都是一些善于保护自己的人。他们大多对自己看得比周围的人要重得多，所以在交往过程中给自己穿上了一层重重的盔甲。其实，善于保护自己并不是什么过错，问题是不能把交往对象全都当成了防范对象、算计对象，他们所采用的自我保护手段又违背了真诚友善、坦诚相见的道德规范，就会使自我保护变成了损害正常交往关系的行为。

我们可以厌恶这种行为，但不必厌恶行为者本人。具体来说，我们在反对不正派行为的时候，不要去伤害他们的自尊心，不要损害他们如此小心翼翼地保护着的那个"自己"。比方说，当他为了赢得喝彩声，才对你奉上掌声时，你不妨先冷静下来，真诚地向他申明，在需要得到人家的支持这一点上，你们是一致的，但是，要想真正获得别人的支持和赞美，还要靠自己的真才实学和自己的辛勤劳动。在他为了寻求"庇护"才围着你打转时，你也应该帮助他认清自己的力量，鼓励他培养独立自主的人格，坚定地走自己的路，切不可简单地拒绝他。简单拒绝只会伤害对方的自尊心，加速你"触礁"的进程。鼓励他的自尊心，帮助他建立起独立的人格，帮助他完成真正的自我保护。当你满足了他的要求，你也会得到他的真诚回应。

许多人面对这种现象，会产生一种被利用感。这种感受的出现，主要是那些非常善于保护自己的人，确实想利用与人交往关系来达到自己的某种目的。甚至可以说，有的人之所以选择你作为交往对象，就因为你的某种特点符合他的某种需求。一旦发现自己处于被利用的地位，该怎么办呢？

在人际交往关系中，我们不能容忍自私自利的行为，更不能丧失原则、以损害大多数人的利益为代价，来满足交往群体中个别成员的私欲。

但是，平心而论，在人们的相互关系中，都会有权利与义务的统一，都会有各自向对方所抱有的希望和要求。剔除了那些非原则的，损害他人利益的成分，抹去了那些具有强烈私欲的色彩，交往当中也应当相互有所满足，这就需要谨慎地划出一条基本的原则界限来，并且尽可能地做出自己的奉献。比如，一个人想得到赞扬，想得到别人的尊重，这是自尊心、荣誉感的表现，如果我们帮助朋友放弃通过私人关系的途径去获取的企图，而鼓励他通过自己的努力去谋求，那就不能视为一桩坏事。相反，在他努力地靠自己的力量去追求目标的时候，就应当提供足够的支持。一个人的物质上的需求是正当的，如果我们帮助他摆脱依赖他人的动机，并为他提出符合原则的实事求是的建议，那当然也是合情合理的。总之，划出一条原则界限，抛开利用与被利用的关系，你也就不会产生被利用的感觉了。而简单地回绝朋友的请求，只会把关系搞得更加复杂化。

一个人具有对不正派行为的厌恶感，是一种高尚可贵的情感，需要小心地加以保护。如果没有这种情感，便可能在熟人面前、在朋友面前、在老客户面前失去自己的原则立场和坚持操守的原则，而容易被利用。在当前市场经济的大潮中，人际交往要格外谨慎，如果面对不正派的行为，不觉得厌恶，久闻不知其臭，更有可能与其同流合污。昕到别人几声奉承就感到飘飘然，无原则地为人办事，更会产生一种自我满足感，结果，还可能从被利用的地位上慢慢滋生出利用别人的欲望，使利用与被利用的关系发展为相互利用的关系。

如何与爱贪小便宜的人打交道

不管是谁，都喜欢和那些豪爽热情、开朗大方的人往来，而不太愿意同喜欢贪小便宜的人打交道。然而，如果不善于与他们相处，他们则有可能成为你成长和发展的阻力。

社会心理学告诉我们，一个人的行为与动机并非是一对一的，它们之间存在着错综复杂的关系，即同一动机可以产生不同的行为表现；同样，同一行为亦可能由不同动机所引起。"贪小便宜"是人们生活中的一种行为表现，并不一定是浑身沾满铜臭的利己思想的反映；即使是利己主义者，亦并不一定就是不可救药者，况且各人表现的程度不尽相同。

一般来说，贪小便宜者有两种：一种是受生活习惯所影响；另一种是受生活观念所支配。因此，与不同心理状态的贪小便宜者相处，就应持不同的态度，用不同的钥匙去打开他们的"心锁"。

一些人贪小便宜的毛病是受社会环境（尤其是家庭环境）的影响，而形成的一种生活习惯。这种人往往缺乏远大的理想，胸无点墨，生活作风随便，自尊要求低，得过且过，不求上进。这种人，一般心地不坏，而且性格外向，毫无隐讳，容易深入了解。同这种贪小便宜者打交道，要注意正面批评，引导他们在学习上和工作上下功夫，以提高其理想层次。理想层次提高了，自尊的要求就会随之增长，贪小便宜的毛病便会相应地得到克服。对这类人贪小便宜的毛病，切不可姑息，对他们的姑息，只会加重这种不良生活习惯。另外，也不可对他们进行讽刺挖苦，因为讽刺挖苦会影响其提高自尊的需求。

还有一种贪小便宜的人，他们的行为是受一定意识形态支配的，其贪小便宜的行为反映着其生活观念。这种人，往往具有比较特殊的生活阅历，在生活中受过磨难，人生观上常常表现为以"自我"为中心。

同这类贪小便宜者打交道，采取一般化的说教方法是无法解决其观念形态的问题的，应真诚地与之相处，用自己博大胸怀去影响和感化他们。在工作、学习、生活中，真诚地、无微不至地去帮助他们，使他们在自己的行动中得到感化。比如，一起外出时，热情地拉着他，坐车、吃饭、看电影、逛公园时可主动花钱，而对他从不表现出一点儿不满和鄙视。平时，可有意地讲一些他所钦佩的人的宽宏大度，不计个人得失的事例，使他逐渐意识到自己的不足。

不管源于哪一种心理状态，贪小便宜的习惯冰冻三尺，非一日之寒，要求他们一下改掉并不现实，只能从一些小事入手，潜移默化地帮助他们，而且允许出现反复。如果一个人去帮助犹嫌力量不足，可动员几个要好的朋友来共同帮助他们。当贪小便宜者真正理解你的一颗真诚的心后，他是会永远感激你的，由此所建立起来的友谊，也一定是纯洁的、牢固的。

别人暴躁我不躁

在现代市场竞争十分激烈的社会中，也许人们所面对的压力太大，现在在工作单位里，在家中，人们好像比以前更容易发脾气。动辄发怒并不是你的正确与威严，恰好相反，发怒意味着恐吓，强迫别人屈服、让步、听话、认输和俯首帖耳。发怒使其他感情都降到次要地位，将事情闹僵。发怒可以像突然爆发的火山，也可以如缓慢上涨的潮水，无论何种形式，发怒的目的是为了威胁和恐吓，对付它的秘诀就是不要怕。

记住：当某人对你发怒时，并不一定意味着他把你当成了死对头，问题很可能来自他的自制力差或对你误解。这时你可以这样想："这个人发这么大的火，一定是遇到了麻烦。他可能就是我朋友，或者可以成为我的朋友。"

将这两层意思刻印在你的脑海里，不管是在什么时候——在你成为谩骂和侮辱的对象时，在你感到被人拒之门外时，在你似乎被暴躁无理的情绪困扰在是非纠葛中时，都不要针锋相对、反唇相讥。为什么？因为这样做，最终受到不利影响的是你自己的工作效率。你不妨姿态更高一些，更超脱地看问题，其实你也并不想伤害需要你帮助的人，伤害一个已置身于麻烦中的人。无论如何，你都不应当在火上浇油。

你该做的是：做一次深呼吸，保持镇定的情绪，因为你并不是别人大发雷霆的根源。当然，你有你自己的情感。不想给人当出气筒，不想受别人欺侮，但是你一定要有自制力和自信心，给自己寻找一个这场暴风雨中心的平静点。此时，你可这样想象：

当发脾气的人挥舞双臂声嘶力竭时，而你背着双手不动声色；

他们紧绷着脸，流露出嘲弄的神色，而你应坦然自若，显示出大将的风度；

有人要对你拳脚相加、大打出手时，你要做到打不还手、骂不还口；有人情绪激动、谩骂不绝时，你应努力使自己心平气和、稳如泰山。

总之，任何情况下都不要发笑，要是你认为自己的人身安全已受到威胁，就一走了之。可根据具体情况，选用以下某种说法，必要时应作适当修饰：

"咱们之间也许存在某种误会，但我想只要咱们把这些问题说说清楚，会有办法扭转这一切的。"

"我的确与你有同感，但我不会责怪你，请告诉我，现在你需要我做些什么。"

"是的，这不是你的错，我打算从头到尾再检查一遍，在今天下班前，我会向你提出自己的看法（建议、解决办法）的。"

如果某人生气是工作上某种原因或一些具体情况造成的，并没有直接牵涉到你，那就上前去宽慰对方，"你是对的……我并没有怪你……我也有同感……"多说一些诸如此类主动缓慢气氛的话是十分有益的。气头上的人需要有一个支持者，你就可以扮演这样的角色。事实上，危急紧要的时刻主动宽慰他人、缓和气氛可能有助于你的事业，培养你化解紧张的气氛和恢复平静的生活的能力，从而使你的人脉关系网处于和谐的状态。

获得诺贝尔化学奖的荷兰科学家范特霍夫，提出关于碳原子新理论之后，遭到德国有机化学家柯尔比的强烈反对。范特霍夫当众表示："柯尔比老先生的宏论，从头到尾并没有推翻我研究出来的铁一般的事实。"柯尔比听到此话，怒气冲天，不远千里赶到荷兰找范特霍夫辩论。当柯尔比怒气冲冲地踏进范特霍夫的办公室时，范特霍夫热情地接待了他，冷静而谦逊地阐述自己的观点，结果使柯尔比很快消除了误解。两位科学家从此"化敌为友"，欣然携手合作。

对搬弄是非的人敬而远之

有人曾在某地六所中学782名高中学生中作了调查，调查的题目是"你平时最害怕什么？"。结果竟有一半左右的学生（女学生的比例更大）回答说："最害怕被人背后议论。"人言可畏，可见一斑。

人就是这样：谁家背后不说人，谁家背后又不被人说？己所不欲，而施于人，这大概是人的劣根性之一吧！背后议论，人们难免为之。然而，由于个人认识的局限性，人与人之间的好恶与向背的情绪又难免渗进议论，因此，背后议论别人时往往也就会不由自主的偏离事物真相。如果议论者是有意识的，借议论造谣、中伤、挑拨离间，那就是心理上的消失变态。

搬弄是非的人，以背后说人坏话、挑拨离间为能事。与这种人相处，的确不容易，非掌握一些诀窍不可。

一是坦荡。人生在世，全然不被人议论，是不可能的。背后议论，就其内容而言，有些符合事实，有些是不符合事实的；就其动机而言，有善意的，也有恶意的。但不管怎么，都应坦荡置之，不要因听到好议论而忘乎所以，觉得自己一下高大起来，也不要因听到一些难听的议论而怒发冲冠、耿耿于怀，或痛心疾首、惶惶不可终日。否则，就会失去心理平衡，做出蠢事，而中了搬弄是非者的奸计。

20世纪80年代有一部风靡全国的电视连续剧《新星》，相信大家都还记得。其中的县委书记李向南，坚持改革，捅了马蜂窝，流言蜚语顷刻向他袭来，说他搞了四五个女人，生活作风腐败，一夜之间，闹得满城风雨。面对这种别有用心的造谣中伤，李向南坦然处之。"生活作风上，我没有做过任何不道德的事"，这是他的自我审度；"他们爱怎么说就怎么说去吧！"他对议论的正确态度；"任凭风浪起，稳坐钓鱼台""该抓的工作我照样抓，该办的事情我照样办"，这是他对议论的回敬。

二是正直。背后议论别人，是一种不道德的行为，不能迁就，必须正直地站出来，帮助议论者改正不良习惯。帮助搬弄是非者改正恶习，行之有效的办法，是尊重对方，以朋友式的态度进行善意的规劝；同时，巧妙地引导对方获得正确地认识人的方法。比如，当对方谈论他人时，可以先顺着对方的话音，谈谈这个人确实存在的缺点，然后再谈他的大量长处，从而形成一个正确的结论。

如果对方搬弄是非恶习已成为性格特征，那就干脆不加理睬，"走自己的路，让别人去说吧！"千万不可一听到搬弄是非的话，就立即去找那人对质。这样会使大家都感到很难堪，也解决不了根本问题。更不要一时性急，去找那人"算账"，万一打起来那就更难堪了。这样也会使大家把你和他等同起来，看成没修养的人。

记住：君子坦荡荡，小人长戚戚。强者是为自己的目标而活着，只有弱者才会被周围的是非议论所左右。

第八章　圆滑做人，玩转职场

在公司里，我们经常看到一些毫无专长却老练圆滑的人，他的身边充满了欢乐，总是有那么多人愿意追随他、帮助他，似乎公司的升职与加薪总是少不了他。而一些才能出众、特立独行的人，他们活儿没少干、力没少费、汗没少流，但总摆脱不了处处碰壁的窘境，饱尝英雄无用武之地的痛楚。之所以会出现这种巨大的反差，往往是缘于两者在社交能力上的悬殊。

人在职场，除了将工作做好之外，还必须将各种人际关系处理好。人际关系好的人，在工作遇到困难时有人帮，在工作出现失误时有人保；人际关系恶劣的人，在工作顺的时候都有可能被人踹，更别提遇到困难和出现失误了。

著名的成功学大师卡耐基说过：一个人要取得成功，15%取决于个人能力，85%取决于人际关系。因为一个人的能力毕竟有限，许多事情都是需要得到他人的支援才能做好。而要取得他人的支援，必须要有良好的人际关系，从这一层面来说，办公室人际关系甚至比工作还重要。

办公室政治躲不开

在现代企业中，企业从业者之间的人际关系问题让广大职场人士和企业经理人"饱受折磨"。不管是分工合作，还是职位升迁，抑或利益分配，无论其出发点是何其纯洁、公正，都会因为某些人的"主观因素"

而变得扑朔迷离、纠缠不清。随着这些"主观因素"的渐渐蔓延，原本简单的同事关系、上下级关系变得复杂起来：一个十几个人的办公室，可以有几个不同的派系，更可以有由这些派系滋生出来的上百个纠缠不清的话题。习惯于这种情况而不动声色、波澜不惊的职场老手，将办公室比喻成战场，在这里，每天都进行着一场场没有硝烟战火的较量，不管你累不累、愿不愿意，只要你置身"江湖"，就"身不由己"。

近年来，一些人力资源研究者将这种复杂纷繁的"办公室问题"戏称为"办公室政治"。"政治"可不是个随便就可以拿来说笑的儿戏，单从字眼分析，这些文字爱好者显然有点神经质了。但想一想"政治"的本义，我们又不禁拍案叫绝。记得中学的政治课本告诉我们：政治是建立在经济基础上的意识形态。从这个角度去看，称"办公室问题"为"办公室政治"不仅没有错，且入木三分。

能够在复杂的办公室政治中游刃有余的人毕竟只是少数，大部分的人还是采取逃避的态度，因为其中行之有效的技巧往往违背人们追求光明与善良的自然本性。"我总是尽量地远离是非之地。"人们常这么说。

一位被访者说起自己公司那位受老板重用的人时，迷惑地说："他总能得到老板的赏识，每一次的升职加薪都有他的份，你看他公开支持老板时的那副虚伪的嘴脸，恶心得令人呕吐，但我相信那肯定是有效的，只是我做不出来。"

"办公室政治"虽然是个被人蔑视的名词，但在西方社会，办公室政治已经成为一种文化，是一道庞大的社会课题。

在互联网上输入"办公室政治"一词，能搜索出176万个相关结果。在美国，有专门以"办公室政治"为主题的图书馆，有专门研究"办公室政治"的博士，有处理"办公室政治"的慈善组织，它是大学里的一门专业课，是大众媒体历久常新的话题，也是心理医生们最赚钱的一门生意……

正如就此专门撰写文章的美国专栏作家吉尔·弗兰克女士所说："'办公室政治'是数百万包括我自己在内的雇主和雇员每天要处理的事情，它围绕着一些动态的事件展开，它是可以被你征服的，但你必须学会把一个糟糕的状态看作是一个机会，而不是当成一个障碍。"

美国心理学博士罗伯特·沙米安托认为，"办公室政治"就像人吃饭、睡觉一样，是一种生理现象，是人的本性，比如人们总是不自觉地偏向于那些他们了解的、喜欢的和信任的人，尽管他们也在努力地维持不偏不倚。

罗伯特博士指出，那些选择远离"办公室政治"的人，并不是因为他们不懂搞"政治"，不想参与"战争"。他们只是嫌麻烦，不想干而已。但有时候，"战争"是会找上你的，它看见你坐在它要经过的过道上。

古人说："人不为己，天诛地灭。"清楚制造办公室问题的人的初衷，和卷入办公室政治的人的苦处，你就不再大惊，更不会小怪。萨特告诉我们：存在就是合理！既然这场"政治"是由"经济"的肥沃土壤一手栽培起来的，我们的从业者和经理还何必为喜欢搞办公室政治的人而恼火，为存在办公室政治的企业而绝望呢？

动物界有其生态链，企业界不也有其"生态链"？一个恬静安宁的生态环境我们固然喜欢，一个物竞天择杀气腾腾的生态环境我们同样接受。对于身处激烈竞争外部环境的现代企业来说，企业内部的绝对平静、稳定已是一种奢求。当企业内部出现一群有不同声音、有不同利益追求的人才时，并不一定就意味着这个企业将"玩完"。相反，内部人才有一点竞争，有一点儿相互制约，来一场小小的"办公室政治"，对于原来"死水一潭"的企业来说，何尝不是一帖催情剂？

与人为善，积累人气

十年修得同船渡，能够有幸成为同事，缘分之深是不言自明的。

不管是一般职员还是领导，在单位中，都同时扮演着同事的角色。同事间的交往，恐怕仅次于家庭成员间的交往了。因此，我们说，同事关系是家庭之外最为重要的社会关系，所以，如何与同事共事、相处，对一个人在职场是否顺心如意有着举足轻重的作用。

日本的年轻人有一种习惯，初到一个新环境，第一件事就是向周围的同事、同学做自我介绍，然后说请大家多多关照，表示了一种希望得到信任和帮助的愿望。

在工作中表现出的人与人的关系是一种相互依存的关系，因为大家的事业是共同的，必须依靠合作才能完成。而合作又需要气氛上的和谐一致。情感上互不相容，气氛上别扭紧张，都不可能协调一致地工作。

每个人都有着自己的个性、爱好、追求和生活方式，因环境、教养、文化水平、生活经历等区别，不可能也不必要求每个人处处都与他所处的群体合拍。但是谁都懂得，任何一项事业的成功，都不可能仅依靠一个人的力量，谁也不愿意成为群体中的破坏因素，被别人嫌弃而"孤军作战"，这就是共同点。一个有修养的、集体感强的人，是能够利用这一共同点，以自己的情绪、语言、得体的举止和善意的态度去感染、吸引或帮助别人，使人与人之间的关系更融洽。

与人为善、平等尊重，是与同事友好相处的基础，应该主动热情地与同事接近，表示一种愿意与人交往的愿望。如果没有这种表示，别人可能会以为你希望独处，不敢来打扰你。切忌不要显出孤芳自赏、自诩清高的态度，使人产生你高人一等的感觉。不平等的态度永远不会赢得友谊。

言谈举止也是非常重要的。谈话应选择同事感兴趣、听了愉快的话题，使人觉得你是个谈得拢的朋友。只有让人从你的言谈中得到乐趣，同事才会愿意与你交谈。

任何人和任何事情都不可能尽善尽美、尽如人意，善于发现同事的长处，认识到大多数人都是通情达理的，会使自己以宽容的态度与同事相处。谁都会有不顺心的时候，善于克制自己的情绪，约束自己的行为，在别人产生消极行为和不良情绪时又能予以谅解，这正是一种有教养的表现，它会使人处处感到你友好的愿望。

其实，能否与同事友好相处，主要取决于自己。美国出版的《成功的座右铭》一书介绍，经过研究表明，一种真正以友谊待人的态度，60%～90%的高比率是可以引起对方友谊的。负责此项研究的亨利博士说："爱产生爱，恨产生恨，这句话大致是不会错的。"

既为同事，就必然要合力谋事，长期相处。无论是在工作还是生活中，谁都会遇到沟沟坎坎，所以，能帮人处且帮人，当同事遇到困难寻求帮助时不妨伸出热情的双手，真诚地助人一臂之力，在不知不觉中为自己存下一份善果。

李翔与赵兵同时进入某机关，两个人同样有较强的工作能力，无论上司交给他俩什么任务，他俩都能非常漂亮地完成。为此，两人经常受到上司的表扬。但是，在同事之中，他们俩却有不同的地方：大家都喜欢李翔，有什么事总是找他帮助。而李翔也的确为大家做了许多事，因为他待人谦逊又有能力，与大家非常合得来；而赵兵则不同，虽然他也能办许多事，但大家都有意无意地疏远他，有什么事也不会找他帮忙，因为赵兵这个人个性高傲，喜欢离群索居。

赵兵也意识到了这种差别，但他并不想改变这种状态，他认为这样很好。无论同事们怎么对自己，上司总还是喜欢自己的，有上司撑腰，他觉得不应该在"琐事"上顾虑再三。况且这样也不错，他可以按照自己的个性安排一切，不会受别人不必要的影响。最重要的，从心底而论，赵兵有些看不起李翔。赵兵认为李翔那种谦让态度十分虚伪，是一种做作的表现，很俗。当然，赵兵并没有把自己这种感觉表露出来，他认为无论李翔怎么做，都是人家自己的事，别人不应该干涉他。可见，赵兵也是具有一定容人之量的，但可惜他没有表现出来。

就在赵兵按照自己的个性生活的时候，上司说领导有指示，要在他们之中选一名宣传部长。而且这次领导有明确指示，一定要坚持群众选举，任何领导不得从中作梗。面对这样一个好机会，赵兵从心底认为自己应该能升职，因为他不但喜欢这份工作，而且文笔不错，经常在市报上发些小新闻，绝对不会辜负上司的厚望。但是他一听到这次不是上司任命，而是由群众直接选举，他的心凉了。他明白单凭自己的"人缘"，自己绝不是李翔的对手，况且李翔在宣传方法上也有其独到的能力。赵兵认识到了这种差距，但他不是一个小肚鸡肠的人，即使他明白自己有不足，他也要进行一番公平竞争。

结果正如他所预料的那样，李翔几乎以全票得了这个职位。其实要是赵兵去了，工作照样能做好，甚至可能会更好。一个本来平等的机会，却由于两者个性不同而导致巨大的偏差。这个教训值得每一个人仔细思索。

对于协调与同事的关系，有的人马马虎虎，以为同事之间无所谓，大可不必左右逢源，协调四邻；而有的人则极为看重，在同事中间拉帮结派，并极力找领导做靠山，形成自己的势力，以为凭此就能高枕无忧。其实，他们都错了。在同事之间协调关系，同样不能粗心大意。其中的功利关系自不必说，只一个"民意"问题就可能把你拖垮。可见，对待同事既不能漠不关心，不闻不问，更不能拉帮结伙，因为那样只能害了自己。要想有一帮适合自己开展活动的好同事，就必须真心帮助他们，在谦和中充分展露自己的个性。

事事为大家着想，处处关心他人，这样做在平时并不显眼，而且似乎还处于一种被动地位，所以有些人就是不愿意"干"。从李翔的例子来看，那些人未免太短见了。像李翔这样的人才称得上"真正聪明的人"，在平时就已经为自己日后的发达打下了基础，单等时机一到就可以水到渠成了。你要把好事做在明处，大家的眼睛是雪亮的，不会有人视而不见的。即使真有人"视力"差，那也不愁找不到证人。况且你这样做本来就已博得了大家的好感。只要你在单位里有了人气，人缘好，就等于铺平了发展的道路。

在办公室说话的5个要点

俗话说"一句话说得让人跳，一句话说得让人笑"。同样的意思，如果表达方式不同，造成的后果也会不一样。在办公室说话要注意哪些事项呢？

1. 不要人云亦云，要学会发出自己的声音

老板赏识那些有自己头脑和主见的职员。如果你经常人云亦云，那么你在办公室里就很容易被忽视了，你在办公室里的地位也不会很高。要有自己的头脑，不管你在公司的职位如何，你都应该发出自己的声音，敢于说出自己的想法。

2. 有话好好说，切忌把与人交谈当成辩论比赛

在办公室里与人相处要友善，说话态度要和气，即使是有了一定的级别，也不能用命令的口吻与别人说话。虽然有时候，大家的意见不能够统一，但是有意见可以保留，对于那些原则性并不很强的问题，没有必要争得你死我活。如果一味地好辩逞强，会让同事们敬而远之。

3. 不要在办公室里炫耀自己

专业技术很过硬，老板非常赏识你，这些能够成为你炫耀的资本吗？不能。再有能耐，在职场生涯中也应该小心谨慎，强中自有强中手，倘若哪天来了个更加能干的员工，那你一定马上成为别人的笑料。倘若哪天老板额外给了你一笔奖金，你就更不能在办公室里炫耀了，别人在一边恭喜你的同时，一边也在嫉恨你呢！

4. 办公室是工作的地方，不是互诉心事的场所

我们身边总有这样一些人，他们喜欢向别人倾吐苦水。虽然这样的交谈能够很快拉近人与人之间的距离，使你们之间很快变得友善、亲切起来，但心理学家调查研究后发现，事实上只有1%的人能够严守秘密。

所以，当你的生活出现个人危机，如失恋、婚变之类，最好不要在办公室里随便找人倾诉；当你的工作出现危机，如工作上不顺利，对老板、同事有意见有看法，你更不应该在办公室里向人袒露，任何一个成熟的白领都不会这样"直率"的。

说话要分场合、要有分寸、要得体。不卑不亢的说话态度，优雅的肢体语言，活泼俏皮的幽默，这些都属于语言的艺术。当然，拥有一份自信更为重要，懂得语言的艺术，恰恰能够帮助你更加自信。娴熟地使用这些语言艺术，你的职场生涯会更成功！

5. 办公室里哪些事情说不得

同事是工作伙伴，不可能要求他们像父母兄弟姐妹一样包容和体谅你。很多时候，同事之间最好保持一种平等、礼貌的伙伴关系。你应该知道，在办公室里有些话不该说，有些事情不该让别人知道⋯⋯

（1）你的家庭背景是否会对你的工作产生大的影响？

（2）你与某些亲人或者朋友的关系是否不宜别人知道？

（3）你的历史记录是否会影响别人对你道德品质的评价？

（4）你的一些与众不同的思想是不是会触动一些敏感的神经？

（5）你的生活方式是否有些与传统相悖？

（6）你与老板的私交是否可以成为公开的"秘密"？

（7）你与公司上层的某些私人渊源一旦曝光，会给你带来障碍还是好处？

作为一个职业人，个人的一切资料，比如年龄、学历、经历、爱情婚姻状况等要分"公开"与"隐私"两大类。隐私本身也是一个相对而言的概念，同一件事情在一个环境中是无伤大雅的小事，换一个环境则有可能非常敏感，保护自己立于安全地带。以上列举的，可都属于你的隐私范畴？另外还应注意：

（1）不要在公司范围内谈论私生活，无论是办公室、洗手间还是走廊。

（2）不要在同事面前表现出和上司超越一般上下级的关系，尤其不要炫耀和上司及其家人的私交。

（3）即使是私下里，也不要随便对同事谈论自己的过去和隐秘思想。除非你已经离开了这家公司，你才可以和从前的同事做交心的朋友。

（4）如果好朋友成了同事，不要常在大家面前和他（她）亲密接触。尤其是涉及工作问题时要公正，有独立的见解，不拉帮结派。

（5）对付特别喜欢打听别人隐私的同事要"有礼有节"，不想说的可以礼貌坚决地说不，对有伤名誉的传言一定要表现坚决的反对态度，同时注意言语还要有风度。如果回答得巧妙，就不但不会伤害同事间的和气，又保护了自己不想谈论的事情。保护隐私一来是为了让自己不受伤害；二来是为了更好地工作。当然也没必要草木皆兵，但凡工作之外的问题全部三缄其口，这样便很容易让人以为你这个人不近情理。有时候，拿自己的私人小节自嘲一把，或者和大家一起对别人开自己的无伤大雅的玩笑，呵呵一乐，会让人觉得你有气度、够亲切。

超实用的办公室生存策略

与同事相处并没有太多的繁文缛节，但也不能大大咧咧地随心所欲。要知道，得到一个同事的认可也许要用数年的时间，而失去一个同事的尊重却不用一天。下面是办公室人员生存的十大策略。

1. 尊重别人的私人空间

在办公室里，私人空间是很宝贵的，必须受到尊重。"打搅了"、"不好意思"是有求于人或打断别人工作时必不可少的说辞。另外，谨记先敲门再进入别人的办公室，不要私自打开他人的电脑，不要私自阅读别人办公桌上的信件或文件，未经许可不可翻阅别人的名片盒。

2. 办公室礼仪

关于电话：若打进的电话里找的同事恰巧不在，你要记得告诉对方是否有什么需要转告，如果有，用笔记下来，记得在同事回来后立即交给他。或者，请对方留下姓名与电话。

关于复印机：当你有一大沓文件需复印，而在你之后的同事只想复印一份时，应让他先用。如果复印机纸用完了，谨记添加；若纸张卡塞，应先处理好再离开，如不懂修理，就请别人帮忙。

关于走廊：除非必要，别打断同事间的对话。假如你已经打断，应确保原来的同事不被忽略。

3. 保持清洁

关于办公桌：所有食物必须及时吃完或丢掉，否则你的桌子有可能会变成苍蝇密布的垃圾堆。

如果有公共厨房：别将脏了的咖啡杯放在洗碗池内，亦不要将糊状或难以辨认的垃圾倒入垃圾箱。此外，避免用微波炉加热气味浓烈的食物。若菜汁四溅，谨记抹干净后再离开。若你喝的是最后一杯水，请添补。

关于洗手间：如厕后谨记冲厕并确保所有"东西"已被冲走；若厕纸用完，请帮忙更换新的；废物应正确地抛入垃圾桶。

4. 有借有还

假如同事顺道替你买外卖，请先付所需费用，或在他回来后及时把钱交还对方。若你刚好钱不够，也要在翌日还清，因为没有人愿意厚着脸皮向人追讨欠款。同样的，虽然公司内的用具并非私人物品，但亦须有借有还，否则可能妨碍别人的工作。

5. 严守条规

无论你的公司如何宽松，也别过分从中取利。可能没有人会因为你早下班15分钟而斥责你，但是，大模大样地离开只会令人觉得你对这份工作不投入、不专业,那些需超时工作的同事反倒觉得自己多余。此外,亦别滥用公司给你应酬用的金钱作私人用途。

6. 守口如瓶

即使同事在某项工作的表现不尽理想,也不要在他背后向其他人说起,说是道非最容易引起同事们的不信任。道理非常简单:当某同事在你面前说别人是非时,难道你不会怀疑他在其他人面前如何形容你?

上司通常极厌恶搬弄是非。若你向上司打小报告只会令他觉得虽然你是"局内人",却未能专心工作。假如上司将公司机密告诉你,谨记别泄露一字半句。

7. 切忌随意插话

别人发表意见时中途插话是一件极无理的事情,更影响别人对你的印象和你的信誉。在会议中(或任何别人发音的时候),请留心别人的说话。若你想发表意见,先把它记下,待适当时机再提出。

8. 别炫耀

若你刚去充满阳光的海滩度假,当然不能一下掩盖你古铜色的肌肤,但也别连气也几乎喘不过来地在同事面前手舞足蹈地描述你愉快的假期;亦不要在尚是单身的同事面前夸耀你那俊朗不凡、体贴入微的妻子或恋人;又或在肥胖的同事面前自夸"吃什么也不会胖",这样只会令别人疏远你。

9. 多称赞别人

现代人可能太忙,对事情往往无暇做出正面的回应(例如,说声"谢谢"或赞美的话语),忽略了这种简单有效却随时能令对方助你一把的言辞。Lily的上司总是在每天下班前多谢她所做的一切和努力,令Lily非常满足,亦下决心要全力为上司工作。只要你多称赞别人,便可能得到不可估计的回报。

10.别浪费他人时间

浪费别人的时间是最常见的过错,许多人之所以要把工作带回家,全因只有这样才可在没有任何妨碍下完成工作。

别写长篇大论的电子邮件：可用标题显示"紧急"，内容也要务求简洁。

别抱着电话不放：即使是公事，也要简明扼要；假如你和别人通话时，一个更重要的电话进来，应请第一谈话方先挂线，迟些再回复他。

准时：对准时的人来说，要等待迟到的人开会绝对不是好事。

别烦扰上司：不要事无大小都请示上司。若真需要上司的帮忙，应先预备答案再寻求他的指引。

别多嘴：本来同事之间倾谈并无不妥，但也要自律。

初入职场应该知道的"游戏"规则

在IT界、新闻媒体、律师所、网络公司等聚集了高素质青年才俊的行业里，同事关系与过去相比已有了很大变化。同事间不再像过去那样暗地里使绊子，不屑于用那些背后损人的花招，他们关心的是怎样才能通过最佳的合作达到资源的最好组合，带来最多的效益。不仅在工作上这样，在生活上也是如此，他们认为这种新型的同事关系是互动互惠的。如果你是一个已身置这些职场或是准备投入其中的白领，对这种新的"游戏规则"就要有更多的了解，才能与他们和谐相处，并从中享受这样的同事关系所带来的好处和乐趣。

1. 不要拒绝做生活伙伴

在传统职场上，同事间除了工作上的接触，生活上几乎没有来往，甚至大家都在有意躲避，可对于新新同事来说，同事间应当是最好的生活伙伴，互相帮忙和照应是最方便不过的，比如一起租套好住宅，一起打车上下班，既方便也实惠。所以当同事有意接纳你做他们的生活伙伴，请你与他（她）一起居住或是搭伙时，你不要抱着不相往来的心理，而要高兴地接受，因为这在经济上是互惠互利，在工作上则提供了方便之处，也促进了人际关系上的融合。

2. 经济往来，AA制是最佳选择

对于新新同事来说，都有挺可观的收入，加上乐于享受生活，所以会经常聚会游玩，还有产生各种新型的生活组合，经济上的来往较多，最好的处理方法就是采用AA制。这样大家心里没有负担，经济上也都承受得起，除非你有特别的原因向大家讲明白，不然千万不可"小气"了，把自己的钱包捂得紧紧的，他们会看轻了你。当然如果是碰上同事有了高兴的事主动提出做东，你就给对方一个面子吧，不过最好多说些祝贺的话。

3. 交友有度，不要过问隐私

新新同事的生活方式、思想观念大都较为前卫，许多的私事不喜欢让人知道，哪怕是最要好的朋友。他们比其他的群体更注意捍卫自己的隐私权，所以你可别轻易侵入对方的这个"领地"，除非对方自己主动向你说起。在他们看来，过分关心别人隐私是无聊、没有修养的低素质行为。这就意味着你与这类同事在一起时，得掌握交友的尺度，工作或是信息上的交流、生活上的互助或是一起游玩都是让双方感到高兴的事，但别介入他们的隐私，不然你会令对方感到讨厌，并且因此而把你看作是无聊之辈，轻视了你。

与新新同事相处，只要你按规则处事，就会觉得更轻松更有乐趣。他们对你的事业和生活会有更多的益处，你完全可以怀着快乐的心情走进他们的中间。

不受欢迎的7个原因

一组统计数字表明，在现代社会的职场中，60%以上的人之所以获得升职加薪的机会，是因为他们善于在职场中处理好各种各样的关系，建立了优秀的人脉口碑。而在那些辞职换工作的人群中，迫于处不好与同事关系而离开的，竟然存在着惊人的相似比例。

同事关系很不容易做到融洽。不少职场中人都有这种观点。

的确，上下级、同事不比一般的朋友。朋友相交，彼此之间，互相都有一点儿兴趣或需要，否则，也就不会互相吸引，互相接近。如果互相接近之后，发现彼此之间不甚投机，那也很容易处理，彼此少些来往或者根本不再接近就是了。然而，上下级、同事之间，却没有这么方便。

只要一走进一个新的机构，在你办公桌的前前后后，都是你的同事，这些人有老有少，有男有女，你每天都必须和他们相处，并且还要和他们一起工作，说不定"白头到老"。

这些人跟你可能在性格志趣上相去甚远。其中有些跟你投缘，有些跟你不投缘，甚至有的人好像还偏偏跟你作对。有的人品质很好，是个老老实实的正派人；但也有的品格不好，说话不负责任，背后说人闲话，挑拨离间，争功诿过，欺软怕硬。然而，为了工作，你又无法不跟他们接近，无法摆脱他们的影响，职场关系之难，就难在这里了。

很多人，因为不善于和上下级或同事相处，以至于弄得终日不安，精神不爽，甚至被迫离开那个你本不愿离开的工作单位，如果是这样，你就成了一个可怜的人，成了一个"不受欢迎"的失败者。

当办公室里的人相约去酒吧小聚，但没有邀请你；当大家谈笑风生从你身边经过，却不看你一眼，这说明大家不欢迎你。也许你太苛刻，自我控制力不强，同你在一起会感到不愉快，可你自己并没有意识到。

仔细想想看，你是否是如下类型的人。如果是，则应该马上改正。别做不受欢迎的人。

1. 猫头鹰

没有人喜欢一个专会带来坏消息的家伙，所以不受欢迎可能是因为你总是否定别人的话题。当别人与你谈到某个女主角的美貌时，你却说："一个风骚的女人而已。"当别人高高兴兴地订下去大连度假的船票后，你却对对方说："听说一位旅游者被人在海滩掐死后又被分尸了。"

2. 刻薄鬼

假如有人介绍你与一位身高1.5米的陌生人见面，第二天你就说已经结束了与这位侏儒的交往；你坐在电影院里，可以眼睛根本不看银幕，却将电影从头评论到尾。每时每刻都在挑错，朋友只能离你而去。

3. 冷血动物

总是对他人冷漠的你通常以自我为中心，甚至当别人告诉你，你的朋友发生了意外，你也不会有任何反应。如果你对别人说什么都不感兴趣，那么别人也会对你失去兴趣。

4. 万事通

别人花费了一周的工资买了一套无法穿的西服，万事通的你得意地说你在某地用一半的价格就可以买到一套称心如意的西服。

5. 牢骚大王

你抱怨自己做了许多事，却未能得到相应的回报；你自己要感冒；你抱怨朋友给你买的生日礼物不适用，抱怨连衣裙是难看的红颜色。一般的人听到这些抱怨能不恼怒吗？

6. 古板先生

对于缺乏幽默感的你来说，笑与受罪无异。你给别人讲述任何事情都像是播天气预报。你从来不笑，正如周围的人说的从未看到过你的牙齿。

7. 宠物狗

你倒是从不大发脾气，事实上有许多事情你还是不敢去做。你不敢单独去见客户，不敢独自一人出去旅行，交男朋友也要听父母或朋友的……所有的事都依赖别人，你就像黏在别人身上的长毛狗。一开始别人还觉得你是他唯一的知心朋友，但接触次数一多就会对你产生厌烦。对他人的依赖要有个限度，超过了这个限度而自己又意识不到，人们就会疏远你而去结交新的朋友。

不被欢迎的原因还有许多，只要你很好地控制住自己的感情，注意在细节处把握分寸，就不必过多地担心了。多为他人考虑，你的人缘就会迅速地好起来，你就会受到身边人的欢迎。

和同事发生不愉快要正确处理

一个人要想在工作中面面俱到谁也不得罪，恐怕是不可能的。因此，在工作中与其他同事产生某些冲突和意见是很常见的事，碰到一两个难以相处的同事也是很正常的。

应该说，同事之间尽管可能会有矛盾，但仍然不妨碍大家在一起工作。首先，任何同事之间的意见往往都是由工作上的一些小事引起，而并不涉及个人的其他方面，事情过去之后，这种冲突和矛盾可能会由于人们思维的惯性而延续一段时间，但时间一长，也就会逐渐淡忘了。所以，不要因为过去的小意见而耿耿于怀，只要你大大方方，不把过去的冲突当一回事，对方也会以同样豁达的态度对待你。

其次，即使对方仍对你有一定的成见，也不妨碍你与他的交往。因为在同事之间的来往中，我们所追求的不是朋友之间的那种友谊和感情，而仅仅是工作，是共事。彼此之间有矛盾没关系，只求双方在工作中能合作就行了。由于工作本身涉及双方的共同利益，彼此间合作如何，事业成功与否，与双方都有关系。如果对方是一个聪明人，他自然会想到这一点，这样，他也会努力与你合作。如果对方执迷不悟，你不妨在合作中或共事中向他点明这一点，以有利于大家在以后的工作中进一步合作。

有时，当你与某个同事发生冲突时，你却与大多数人的关系都很融洽，所以，你可能会觉得问题不在于你这一方，你甚至发现许多同事也和他有过不愉快的经历，于是，大家都不约而同地将矛头指向了那个人，所以，你会认为是他造成这种不融洽局面的。

但是你并没有多花一点儿时间去进一步了解对方，也没有创造一些机会去心平气和地与对方在一起阐述各自的看法，因而，由于相互缺乏对对方的了解和信任，个人间的关系也就会不断倒退。怎样才能够改变这种局面、改善彼此的关系呢？

你不妨尝试着抛开过去的成见，更积极地对待这些人，至少要像对待其他人一样对待他们。一开始，他们也许会有所顾虑，认为这是个圈套而不予理会，一定要耐心些，你要知道平息过去的积怨的确是件费功夫的事。你要坚持善待他们，一点点地改进，过了一段时间后，相互之间的误会就会如同阳光下的水滴，一蒸发便消失了一样。

也许还有更深层的问题，他们可能会记起你曾在某些方面怠慢过他们，也许你曾经忽视了他们提出的一个建议；也许你曾在在一些工作问题的决策时反对过他们，而他们将这些问题归结为是个人的原因；还有可能你曾对他们的工作很挑剔，而恰好他们听到了你的话，或是听见了有一些人在背后的议论。

那么，你该做些什么呢？如果听之任之将是很危险的，它很可能会在今后形成新的矛盾和积怨。最好的方法就是主动去找他们沟通，并承认你也许不经意地做过一些得罪了他们的事。当然，这要在你做了大量的沟通工作后，且真诚希望与对方和好，才能这样行动。

他们可能会客气地说，其实你并没有得罪他们，而且会反问你为什么有这样的想法？你可以心平气和地慢慢地讲出自己的想法，比如你很看重和同事们都建立良好的工作关系，也许双方存在误会等，并坦诚地表示如果你确实做了令他们生气的事，你愿意诚心诚意地道歉，我想持这种诚恳态度，一般人都会冰释前嫌的。

也许他们会告诉你对一些问题，而这些问题与你心目中所想的并不一致，然而，不论他们讲什么，一定要听他们讲完。同时，为了能表示你听了而且理解了他们讲述的话，你可以用你自己的话来重述一遍那些关键内容，例如，"也就是说当时我放弃了那个建议，你觉得我并没有经过仔细考虑，所以这件事使你生气。"现在你知道问题出在哪里，而且可以以此为重新建立良好关系的切入点，但是，良好关系的建立应该从求同存异、真诚地道歉开始，你是否善于道歉呢？

如果同事的年龄与资格比你老，你不要在事情刚刚发生的时候当面与他对质，除非你肯定你的理由十分充分。更好的办法是在你们双方都冷静下来后再慢解决。等到时机成熟后，你可以谈一些相关的问题，当然，你可以用你的方式提出问题。如果你确实做了一些错事并遭到大多数人的指责，那么你就要重新审视那个问题，并要真诚地主动道歉。类似"这是我的错"，这种话是可以冰释前嫌，创造奇迹的。

如何处理办公室中的感情关系

多年来，人们总是津津乐道于男女同事间的暧昧秘闻：漫画家刻画出了风流倜傥的老板，绕着办公桌追逐穿着薄如蝉翼的女秘书的艳事；电视喜剧的作家们则以男女主人公在推开办公室门扇的瞬间不期而遇的情节来给单调乏味的生活增加一点儿色彩。的确，随便哪两个异性成人单独待在一间勉强放得进两台四屉文件柜和一盆花草的办公室里，似乎难免会擦出一些火花。

办公室确实是个能够遇到志同道合的搭档的理想之地。美国管理学会所做的一项观察表明，40%的美国人在事业生涯中，曾不同程度地和同事有过办公室罗曼史。很多妇女联合会成员也在办公室寻觅到了永恒的爱："如果我从前没有和我现在的丈夫一起工作，我就永远不会遇见他，现在我可能仍旧在为一生的真爱而苦苦追寻呢。"朱德斯特说，"正因为工作，我们有了相同的朋友圈，相同的兴趣爱好，相同的教育程度和投机的交谈。"另一个成员则经过3个月的约会之后，与他的同事定了姻缘——"毫无疑问，他是我一生中的真爱，是我所遇到的人当中最好的朋友，最真诚的人。从那以后，一切都在好转。这是值得一试的冒险。"

一般来说，办公室里的男女，在彼此的眼中性别多半可以忽略不计，大家为了各自的前程与生计阶段性地聚在一处。而生活，多半是在别处。

但凡事都不绝对，尤其是感性的东西。对每天同处一室情感尚空白又正值婚娶的年轻男女同事而言，无疑是上天安排的最自然的相互加强了解与判断的机会。于是，就有了比一般同事多一点儿的友谊，而后，又比友谊多了那么一点点。当有一天，这个一点点变成了许多许多，两个人也终于宣布：我们恋爱了！

办公室恋情随着现代生活节奏越来越快，其发生率也愈来愈高。为什么不呢？想想看，其实工作之后大家接触非工作关系异性的机会越来越少，刻意去"认识"是很多人所不屑的，而"偶遇"又那么可遇不可求。能每天了解多一些的，除了原来的同学就是现在的同事。日久生情也就成了很自然的事。

处理办公室中的感情关系，是许多现代上班族会遇到的情况，它可以发生在自己身上，也可能发生在公司中熟视的同事身上。我们该关心的并非是故事是如何发生的，而是如何去处理它。

第一，在萌芽发生之时，不要迫不及待地宣告什么，也不要与同事讨论，除非已确定彼此的爱情稳固。

第二，一旦恋情公开之后，要能处之泰然，试着表现一如往昔的态度和风采，在另一半面前表现得越自然，别人便能越快地接受你们的恋人关系。

第三，如果你不想让任何人知道你的恋爱关系，千万别刻意地去中伤对方来掩饰你们之间的恋情，那样会有你意想不到的后遗症的。

第四，把爱恋与娇羞留到下班后再表现，千万别在办公室里眉目传情，趁机亲热，或是打情骂俏，以免引人反感并且毁了你的专业名声。

第五，避免做任何会让情人吃醋的事。如果你想掩饰恋情而故意和其他的女同事聊天或接近，会引发不必要的事端，并且让你们的关系在公司中更别扭。

　　第六，要创造一个可以让你专心做事的氛围和心境，在工作时尽量训练自己不要情绪波动。如此，就可以把对工作和对他人的影响降至最低，当办公室恋情并无损坏你的工作表现时，它就能得到别人的接纳和祝福。

　　第七，如果有可能，最好在确定恋爱关系后，一方主动另谋高就。

　　办公室恋情最麻烦的部分还在于分手之后如何收拾残局。要从爱情创伤中痊愈，已够令人痛心，若还要与旧情人每天在办公室中见面，那可真是痛上加痛。怎么办？

　　当然，最干净利落的是一方走人，申请调离本部门或干脆辞职。其他的方法有是有，但效果肯定不佳。本来，选择办公室恋爱就有可能要付出一方走人的成本，现在加上失恋，走人是你冒险失败后应当支付的成本。

　　此外，还要记住并做到的一点是：不要在任何同事面前诉苦与攻击对方。

第九章 "谈"出来的爱情

于千万人之中，遇见你所要遇见的人。于千万年之中，于时间的无涯的荒野里，没有早一步，也没有晚一步，刚巧赶上了！

亲情是一种深度，友情是一种广度，而爱情则是一种纯度。亲情是一种没有条件、不求回报的阳光沐浴；友情是一种浩荡宏大、可以随时安然栖息的理解堤岸；而爱情则是一种神秘无边、可以使歌至忘情、泪至潇洒的心灵照耀。

有一个可以互诉心事的异性，一起分享人生旅途的欣喜，一起承担人生旅途的风雨，甜蜜的爱情与幸福的婚姻，总是那么令人神往……

但愿人长久，千里共婵娟。

用温文尔雅俘获芳心

中国台湾才女伊能静在谈到她为什么选择了他的先生庾澄庆时说：当时在歌坛已小有名气的她，受到了许多靓仔款哥的追捧。那些靓仔在追她时无非是不停地在她面前装酷，而那些款哥无非是不停地在她面前显摆豪华的房车。她之所以选择了当时在行内默默无闻的庾澄庆做"真命天子"，完全是因为庾澄庆的"发乎情、止乎礼"的温文尔雅征服了她。

有些年轻人误以为男人一定要长得英俊、有钱有势、轿车代步、出手阔绰……才能讨女性的欢心。但一个有内涵的女子，她最欣赏的必定是风度翩翩、言行举止合乎礼节的男士。因为与一个礼貌周到的男士同行，远比与有财无礼的男人在一起愉快多了。

礼貌是发自心底的，外表的作态极易叫人一眼看穿，所以奉劝男士们应熟习与异性交往的礼节。如果你知道在什么场合、自己该怎么做，而不会违礼失态，那你就是一个标准的绅士了。

在西方社会中，女性一向备受礼遇；过去的东方人则恰恰相反，典型的大男人主义，男人处处要占上风，无论在什么场合，男人的地位总是至高无上，丝毫不容侵犯的。不过，现在这种情况已经大大改观了。

一个男人在与女士相处时，应注意什么？乘车、走路、座席、观戏、听剧、抽烟……在各种不同的情况下，该有什么礼貌？

乘车时，让女士先上车；陪同女士到某处去，抢先一步为她开门；进入室内后，为她脱外套、拉座椅；当你想抽烟时，一定要征询她的同意，并应先向她敬烟、点烟。这些动作绝非装腔作势、故意卖弄，而是必要的礼貌。态度要自然大方，才不会弄巧成拙。

搭乘火车或其他交通工具时，如果遇见女性携带行李或较重的包裹，也应代为取放；陪同女性上街时，应走在道路外缘保护她，或帮她提较重的物品；如遇下雨时，应替她撑伞；走在泥泞的路上，也应让女伴挽住你的手臂，以免她滑跌或摔跤；人群拥挤时，则应先行一步为她开路。

与女友相偕欣赏电影却迟到时，应牵着女方的手，由服务员带路或小心地去找座位；切勿把女友丢在黑暗中不顾，那是非常不礼貌的行为。

日常有女性需要帮忙时，也应热诚而主动地为她效劳。不过服务态度宜适中，切忌热心过度。比方说，你可以代提行李，却不必替她拿帽盒、手提袋、遮阳伞或花花绿绿的包装物；陪女子遛狗，可以帮她拉住系狗的皮带，但被她抱在怀中的小型宠物，就大可不必代劳。

礼貌欠周令人不快，礼貌过多也令人难堪。唯有恰到好处、因应时宜的礼貌才会让人觉得自在。"发乎情，止乎礼"，以温文尔雅的态度为女性效劳，才能令女性心仪。

了解女人心的7个诀窍

在追求自己的终生幸福时，男人必须读懂得女性的心，投其所好，方能提高胜算。

1. 多数女人希望别人夸她漂亮

人人都喜欢听赞美的语言，女性在这方面表现得更为突出，她们会从人们的赞美恭维中得到被认同的快感。一个时常被人夸奖漂亮的女孩，自我感觉要比别人好些；一个从小就被人称为丑小鸭的姑娘，她长大后可能会性格内向，有自卑感。要想获得女性的青睐，你就得经常夸她漂亮。古语曰：女为悦己者容。你的女友为了你在镜子面前化妆半天，为了你每次约会都要换一身新装，你见到她难道不应该由衷地赞美她几句吗？

女人永远也不会嫌你的赞美太多。尽量赞美她吧，无论是她的容貌、发式还是衣着。请你对她说，她是你所见过的最完美的女孩。即使她明知你在恭维她，心里也会美滋滋的。

2. 女人喜欢给人以小恩小惠

男女在赠送和接受礼品方面是有细微差别的。女人向男人赠送有价值的礼品，表示她乐意信赖他。女人把礼物的价值看得比实际价值更大，并乐意接受礼物。她把礼物看作是尊重或是献殷勤的表示。因此，女人既喜欢别人给她一些小纪念品，也喜欢送给男友一些小礼物，她把这看作是一片心意。如果男友不把她送的小东西当回事，她一定会失望。

3. 尊重并了解她

女人常常需要受到保护、关心、照顾，以便感觉到自己是女性；她希望别人尊重她，了解她。女人的内心很容易受到伤害。比如，女孩花了一下午做了一顿丰盛的晚餐，等候男友一起享用，可男友到来后却说已经在外面吃过了，不想再吃了，这时女孩一定备感伤心。聪明的男人则会对女孩辛勤的劳动给予温情的回报。

男友出差，从外地给女友带回一件她十分喜欢的小礼物，女孩会十分感激，说不定会送上一个真诚的热吻。学会尊重女孩，注意了解女孩，你的爱情定会充满温馨！

4. 与她的利益相一致

大多数女性都认为，一个与她有相同观点或利益并帮她达到某种目的的男人，将是一个值得信赖的人。因此，她们对这样的男人容易产生亲近感，并把心交给他。

当你和她在一起时，经常把你和她说成"我们"，不知不觉中，她的心就会莫名其妙地倾向你了。

女性一般警戒心很强，如果你与她有同一目标，你就会很容易地被接受。

5. 留意她微小的愿望

女人一直以为男人是健忘的。她若无意中脱口说出她感兴趣的事情时，你要始终记得牢牢的，当有一天你又向她提及此事，她定感动不已。对女性来说，如果你对她某种微小的愿望都能了解并尽最大可能去帮她实现，她一定觉得你是最了解她的，是最可依赖的，因而对你更加亲近。

6. 向她吐露心事

女人爱男人的阳刚之气，刚强和勇敢是男人的特征，但男人也要拥有情感和温柔。

女人爱上一个男人，往往是爱上他脆弱的一面，可能是女人天生的母性所致。一个男人在他要好的女人面前，很容易流露自己的心声，而且是那样自然；女人对这样的男人怀有真诚的同情，甚至为之掬一把眼泪。

7. 注意她服饰的微小变化

对女性来说，如果有人发现她身上的微小变化，她就会有一种被认同的满足感。女孩常常对男友不满，其中最常见的是，当她梳着一个新发型或买了一件漂亮的衣服，兴致勃勃地等待男友赞美的时候，她的男友却好像视而不见。这时她要么生气地说："喂，你到底发现没有，我是不是哪里跟以前大不一样了？"要么跟你生闷气，你还不知究竟哪里得罪了她。

女人喜欢追求时髦，爱美是她们的天性。她认为你时刻把她挂在心上，时刻注视着她，她感到满足了，就不会突然"狂风大作"或独自生闷气了。细心的男人根本不用她提示，就会发觉女友身上的微小变化。这样，双方的感情就会十分融洽。

改变称呼的神奇功效

加拿大精神科医生耶利克·巴斯倡导用称之为"抚慰（Stroke）"的行为来表示对对方的关心，如称呼对方的名字，询问、称赞、担心和斥责对方等行为。

抚慰有正面和负面的影响。称赞、感谢对心灵是正面的抚慰；斥责、诋毁对心灵是负面的抚慰；拥抱、握手对身体是正面的抚慰；殴打、踢揍对身体是负面的抚慰。正面的抚慰以"称呼"最能达到立竿见影的功效。

王晓莉是接待人员，每天接待不少的访客，可以清楚地区分出容易亲近或不容易亲近的人。容易亲近的人，对方会以眼神锐利且专注地看着她胸前的名牌，然后精神奕奕地打一声招呼："王小姐。"彼此熟悉之后，"哇！改变发型了。很适合你的风格喔，从今以后就叫你晓莉好了。"自然地改变称呼，且一直呼叫对方的名字，彼此的感觉便一下拉近了距离。

一般而言，"王小姐"是比较正式的称呼，但若以"晓莉""莉莉（小名）"戏谑地称呼，更容易加深彼此的亲密程度。反之，不想变得亲密，就必须注意称呼。

当然，一开始就没有正确称呼对方，自然会引起对方的警戒心；一进入亲密的阶段，如何称呼对方便是门学问了，必须自然不露痕迹地改变称呼,比如在开玩笑,或借助醉意时不要在意花多久时间,尤其切忌太过急躁。从称呼姓到改叫名字,必须有一段时间让对方慢慢习惯。

老是局限于陌生人般的礼节,是根本无法使关系再进一步的。如果很难顺利和对方谈天说笑时,试试改变称呼吧。

如何让关系更进一步

与异性交往,最重要的是要向对方表现出你对他的信赖。表示信赖的机会其实很多,比如,在付钱的时候,将钱包交给对方去付账。不过,这也要视情况再做决定。一般男女刚认识不久就将钱包交给对方,说不定会造成对方的负担,甚至被对方怀疑是否在试探他呢。

如果你和一个异性朋友交往了很长的一段时间,双方关系不错却迟迟停留在好朋友的阶段,这时你就有必要采取一些行动来试探对方。

在餐厅喝完自己的水后,询问:"我可以喝你的水吗?"或盯着对方的盘子说:"我想尝尝那块肉的味道。"如果对方回答:"可以啊!"表示对方对自己的信任度及亲密感已相当高了,因为异性之间除了亲人就只有情侣才会这样做。

如果对方回答:"嗯……好吧。"表示两人之间还有段距离,要再进一步发展,还需要一点时间。如果被对方拒绝,就表示你们还不能算是男女朋友。

观看对方的表情或观察其他的情侣,"你看,他们两个……"以别人当借口,有时可以让彼此的关系成为话题,常会有突破性的进展。

7个技巧帮你追到心仪的男孩

俗话说:男追女,隔座山;女追男,隔层纱。但这薄薄的一层纱,对于相对矜持的女孩来说,捅破的难度丝毫不亚于翻过一座山。女孩若想让自己心仪的男孩拜倒在自己的石榴裙下，还是需要花一定心思。

1. 把握机会

传统的观念中，向来是男孩主动向女孩追求。但现代社会提倡男女平等，女孩若碰到喜欢的小伙子，同样应该大胆追求，切莫错过良机。

比如，在电梯中你有机会与同一个印象挺好的人多次相遇，或是上班的路上几次碰到同一个人，你可以主动与他搭话，尽管你们的交谈十分简单，但有了第一次的交谈，说不定你就迈出了恋爱的第一步。所以当你发现一个自己喜欢的小伙子时，你必须悄悄地接近他，然后设法与之搭讪：

"我们以前好像见过，好面熟啊！"

"请帮个忙好吗？"

诸如此类的话，你不必在乎有没有意义，不妨都大胆地讲出来。话题本身是引子，目的是进一步与他结识。

2. 巧妙暗示

也许你不太适应主动和一位陌生的男孩交往，这时你可以采用另外一种形式，就是以巧妙的方法暗示对方，如果对方领会了你的意思，他一定会主动同你交谈的。

眼睛是心灵的窗口。给对方暗送一个秋波、一个神秘微笑、一副害羞的表情，都会引起异性的注意。如果他领会了你的用意，就会主动过来接近你，这样你就成功了。

3. 打消顾虑，大胆追求

有的人刚开始就想"如果被拒绝了，那该怎么办？""如果他很冷淡，那多掉价？"其实，这些顾虑只能使你心神焦虑不安，并且使你失去一次又一次机会。

例如，你很想和一个自己喜欢的男孩约会，但拿起电话就是不敢拨号。实际上，只要你勇敢地拨一次电话，事情就可能完全解决了，你也就从此挣脱了那种焦急如焚的心境。即使对方态度冷漠也没有什么大不了。事实上，一般男孩对这种敢于主动追他的女孩子都不会给予难堪，反而会心里美滋滋的。

4. 施展魅力，显示个性

每个女性都有她独特的风姿和魅力，不一定全来自外表。或许，你还没有发现自己迷人的地方，但小伙子已经觉察到了，并深深地爱上了你。

漂亮的外表是天生的，而高雅的气质是可以培养的。仪态端庄、气质高雅是女性吸引男性的永久魅力。

要做到仪态端庄，女性应注意的方面有很多很多。比如与男性握手时，不要太用力，应该轻柔；走路要昂首挺胸，脚跟先着地；说话应温和、柔美，笑时要优雅等，这些都是表现女人味的方面。如果女孩能做到这些，就一定能吸引男性。

5. 偶尔刺激法

当他有了良好表现时，不必每次都奖励他，偶尔夸赞一番，效果反而更好。有时偶尔失约一两次或是若即若离，都能使男人晕头转向。这样刺激他一下，他就会乖乖地倒过来追求你了。

6. 别让他太放心

在和男友的关系到了一定程度后，可以适当减少同他接近的次数，或偶尔跟别的朋友一起看场电影，参加一次舞会，当然不能太频繁。男友一旦发现这种情况，一定会茫然不解、高度紧张。为了不失去你，他会对你猛追不舍。这时你的目的已达到，就可放弃与别的朋友的各种活动了。

恋爱有时需要降降温。不要一味地勾着男友的脖子不停地说"我爱你"，而是应该经常兴致勃勃地谈些与他无关的事情；不再总是痴痴地凝视着他，而要对身边的事物表现出极大的热情。结果，被爱的人会被强烈的爱情燃烧起来了，轮到他痴痴地等电话、赴约会、没完没了地表达爱意了，这样感情反而会升温。

7. 保留一点儿神秘感

太过于坦白对增进感情并无帮助，如果不停地表白彼此间的感觉，可能只是为了掩饰你们害怕分开，也就没有了乐趣。保留一点儿个人的小秘密，令对方不时有新发现的余地，更可以巩固彼此的感情。

恋人之间的吸引力来自对方的神秘感。谈话时，突然视线投向远方，做出陷入沉思的样子，男人看到此种"神秘现象"会产生探明究竟的欲望。

如何区分是友谊还是爱情

在现实生活中，异性之间的友谊和爱情有时是十分模糊的，很容易让人误解。因为有的爱非常羞涩，掩藏得非常深；而有的爱则是无意识的，尽管已深深地被对方所吸引，但仍不觉这是爱。因为人的感情是十分复杂的，兄长式的爱、姐姐式的关怀、妹妹式的依赖和弟弟式的信任，这些交往的复杂感情成分，又往往很容易给人模棱两可的感觉。而对于尚没有意中人的男女来说，对此又非常敏感，对感情信号的接收系统往往倾向于爱情这一边，因而时常会导致错误的理解。

还有一种情况可以算作是"中间地带"：既有友谊的成分，也有爱的成分；既可以停留在友谊的层面，也可以上升为爱情的关系。当事人尚犹疑不定，不知道停止还是前进，因而在表现上、言谈间很朦胧，难以把握，很多男女往往处在这"中间地带"而感到很迷茫。

区分友谊或爱情的办法是：当你很明显地感到对方是把你视作普通的朋友时，你就不要有非分之想，可把两人的关系圈定在友谊层面上。当你感觉是"中间地带"，即已分不出是友谊还是爱情，抑或友谊与爱情参半时，就必须采用试探的办法，探明他（她）和你之间是友谊还是爱情。

1. 语言试探

这是常用的手法，也是最直接的办法，因为人们相处最方便、使用机会最多的工具就是语言。试探对方的语言很多，可以直接发问，可以一语双关或借题发挥，等等。以下举几个例子：

两人走到一个鲜花摊前，你（男）说："这玫瑰真漂亮，我买一枝送给你好吗？"她颔首同意，就买一枝送给她，并说："你如果喜欢这种花，我以后会经常送一束给你，如何？"她如果没有拒绝，说明对你有意。

两人聊天谈到对象、选择时，你可以问："你心目中的丈夫是什么样的？"如果她对你有意，描绘的形象肯定是以你为"模板"的。

两人在谈及人品、性格等话题时，你借题发挥说："谁要是娶了你，肯定很幸福。"看她如何回答，就可判断她对你是否有意。她如果说："谁要是娶了我，肯定后悔。不过，你别担心，你对我很了解，你绝不会让你难堪的。"那么你就没门了，赶紧刹车或再努力表现等候时机成熟。

2. 形体语言试探

所谓形体语言试探，就是运用眼、身体、面部表情来传达你的信息，看得到什么反应。这种表达方式比较委婉、隐秘，还可免除尴尬。比如，用肩膀轻轻撞击一下对方，如果对方很温柔地看你一眼、羞涩一笑，则说明她接受了你这略带亲昵的举动，也表明她对你有意，鼓励你继续与她亲昵下去；如果她无任何反应，很淡漠，则等于告诉你要知难而退。再如，通过眉目传情试探对方的反应，用温柔的目光注视对方目光片刻，如果她回敬相同的目光，说明她对你有意；如果她不予理睬，眼光很"冷"，甚至开玩笑说："你怎么看人色眯眯的？"那你就不必抱希望了。

3. 借助物品试探

在节假日（如元旦春节）或对方的生日时，选择一些小礼物送给对方。小礼物要精致但不要贵重，要有寓意，如贺卡之类，让对方懂你心事即可，看她如何反应。比如新年贺卡，如果她回寄给你很礼节性的贺卡，选择很同志式的贺词，则说明她对你无"意"；如果她也同样回寄带有明显情爱寓意的贺卡，你就可以开始进攻了。

4. 委托他人试探

这也是常用的办法。找一个信得过而与对方又很熟悉的人，侧面去了解她的意思。这"第三者"可以直截了当地问她，你似乎还蒙在鼓里，即使对方无意，你也不会难堪。

5."骚扰式"试探

比如，频繁地邀她看电影、听音乐会，或经常给她写信，如果她第一次接受或回信，第二三次以后就找借口拒绝或不再复信，那你就不要再指望了。

当你确信对方对你有意时，有情的你就该表达爱意了。虽说这已是很简单、水到渠成的事，但表达爱意也应有些技巧。开好头，为日后浪漫绚丽的爱恋之路开拓一个令对方永生难忘的起点，加速感情的升华。

求爱的技巧最忌俗套、直白，诸如"我爱你""你愿意嫁给我吗？"之类。含蓄艺术的求爱方式是隽永深长的。

（1）选择好时机和场所

在双方情绪好的时候，选择较有浪漫氛围的场所求爱，比如，轻歌曼舞的咖啡厅、空旷辽阔的草原、泉水叮咚的林野田园，等等。尽量在一些富有诗情画意的地方，这样有利于调节双方的情绪，增强感染力。

（2）态度要热切而坚决

要让对方感觉到你的求爱是积蓄在心中已久的火山迸发，虽然不用言语来表达山盟海誓，但也要让对方感到你真切的爱慕和急切的盼望。这对还略带犹疑的对方来说，往往有一定的"催化"作用，帮助她下定接受你的决心，打消尚存的一丝犹疑。

（3）借物言情

不用直接示爱，借物言情往往令人终生回味。马克思当年向燕妮求爱时，他说："我爱上了一个人，决定向她求婚。"燕妮急切地问："她是谁？"马克思没有直接回答，而是递给她一个小方盒，说："我离开后，你打开一看就知道了。"马克思走后，燕妮打开一看，盒子里面只有一面小镜子，镜子中映出的正是自己的面容。

（4）一语双关

这是含蓄示爱的惯例。农村姑娘瑶瑶与她青梅竹马的邻居大明互生爱慕，但苦于一直没机会表达，有一天，大明抢着帮瑶瑶挑水，瑶瑶撒娇地说："好，让你挑，你给俺挑一辈子。"

值得注意的是一语双关一定要准确、易懂，不能模棱两可。

另外，求爱时还要注意以下两个问题。

1. 把脸皮放厚些

在恋爱中往往会遇到这种情形，你曾天天在梦里念着的她如今就在你的面前，你却不敢向她表白。这无非是人的自卑在作怪，生怕自己"落花有意"，而她却"流水无情"。

其实，每个人都有爱与被爱的权利，向自己所爱的人表露爱情不是丑事，更不是坏事。

当然，"厚脸皮"并不是不讲策略，当你爱上一位姑娘，又不知道对方是否也爱上了自己时，先不要轻易地表露你的爱，而应该通过观察了解，弄明白对方对你是否"有意思"。

当你发现对方不爱你，最好别鲁莽地求爱，因为那样求爱可能遭到拒绝，给你的心灵造成创伤。若对方对你也有"意思"，这时，你求爱的时机就成熟了，你可以把脸皮放厚些，大胆地向她表露你的爱情。

2. 别指望一次就成功

想一出手就抱得美人归，是不太实际的想法。一次不成，下次再来，二次不成，还有第三次。这是说服女人的诀窍。第一次被她的一声"不"拒绝之后，再加一次。也许，她还会说一声"不"，别灰心，若你再问她："真的不吗？"或许她就变了："你猜！"而且还会含情脉脉地望着你笑呢。

大多数女性在被人好意邀请时，都会被对方的虔诚所感动因而不好意思拒绝。如果真要拒绝的话，也会用缓和的口气来表示，"我不知道这样拒绝会不会使你感到难堪？"

因此，第一次被回绝了，就继续努力。第二次若不成，相信第三、第四次一定会成功。

巴斯特是法国著名的化学家，他年轻时看中了校长的女儿玛丽小姐，但他不知道玛丽小姐是否爱他。于是，他鼓起勇气，首先写了一封求婚信给他未来的丈人，介绍自己的财产、身体、工作等情况，以及愿把一生献给化学研究事业的决心。接着他又给未来的岳母写了一封信，进一步介绍自己的情况以及更进一步地表达自己对玛丽小姐的情意。紧接着他又给玛丽小姐写了一封简短而恳切的求婚信："我只祈求你一点，不要过于匆忙地下判断。你知道，你可能错了。时间会告诉你，在我矜持、腼腆的外表下，还有一颗充满热情的、向着你的心。"

巴斯特接二连三的求婚信，终于感动了玛丽小姐。为了科学，他有着顽强、献身的精神；为了爱情，他是如此的忠实坦诚。这样的好青年到哪里去找呢？在父母的支持下，玛丽小姐欣然答应了嫁给他。

拒绝追求的4种方法

如果爱你的人正是你所爱的人时，被爱是一种幸福。但是，假如爱你的人并不是你的意中人，或者你一点儿也不喜欢他（她），你就不会感觉被爱是一种幸福了；你可能会产生反感甚至是痛苦，这份你并不需要的爱就成了你的精神负担。

初次交朋友，你也许曾经有过这样的左右为难，因为她或他的条件实在让人爱不起来。但是，由于是你的上司介绍的，或者是上司的子女等原因，使你在拒绝上产生了犹豫，虽然每次见面都会使你感到不舒服、不愉快，你一想到对方的身份、上司的威严，屡次想谢绝却又不好出口。有时候，你也许为了顾全对方的面子，而难以开口说个"不"字；或者慑于对方的威严，你不知所措。你就会被这份多余的爱折磨得痛苦不堪，不知该如何去做。生活中处在这种矛盾中的人太多了，有些人遇到这些情况时不知该如何拒绝，因处理不当，造成了很不好的后果。

怎样对爱你的人说出你不爱他，并在不伤害对方的情况下，让他接受这个事实呢？

拒绝求爱的方法有多种，比如可以用书信，可以口头交谈，也可以委托别人。但不管用什么样的方法，一定要做到恰到好处。以下几点建议，可供你参考。

1. 直言相告，以免误会

你若已有意中人，又遇求爱者，那么就直接明确地告诉对方，你已有所爱之人，请他另选别人，而且一定要表明你很爱自己的恋人。但此时切忌向求爱者炫耀自己恋人的优点、长处，以免伤害对方的自尊心。

2. 讲明情况，好言相劝

倘若你认为自己年龄尚小，不想考虑个人恋爱问题，那就讲明情况，好言相告对方。

3. 婉言谢绝

倘若你不喜欢求爱者，根本没有与其建立爱情的基础，可以在尊重对方的基础上，婉言谢绝。对于那些自尊心较强的男性和羞涩心理较重的女性，适合用委婉、间接的拒绝方式。因为有这类心理的人，往往是克服了极大的心理障碍，鼓足勇气才说出自己的感情。一旦遇到断然的拒绝，很容易受伤害甚至痛不欲生，或者采取极端的手段以平衡自己的感情创伤。因此，拒绝他们的爱，态度一定要真诚，言语也要十分小心。你可以告诉他（她）你的感受，让他（她）明白你只把他（她）当朋友、当同事或者当兄妹看待，你希望你们的关系能保持在这一层面上，你不愿意伤害他（她），也不会对别人说出你们的秘密。

你不妨说："我觉得我们的性格差异太大，恐怕不合适。"

"你是个可爱的女孩，许多人喜欢你，你一定会找到更合适的人。"

"你是个很好的男人，我很尊重你，我们能永远当朋友吗？"

"我父母不希望我这么早谈恋爱，我不想伤他们的心。"

如果他（她）没有直接示爱，只是用言行含蓄地暗示他们的感情，那么你也可以采取同样的办法，用暗含拒绝的语言、用适当的冷淡或疏远来让他（她）明白你的心思。

要记住，拒绝别人千万不要直接指出，甚至攻击对方的缺点或弱点。不能以一种"对方不如自己"的优越感来拒绝对方。特别是一些条件优越的女青年，更不能认为别人求爱是"癞蛤蟆想吃天鹅肉"，一推了之或不屑一顾，态度生硬，让人难以接受。

4. 冷淡、果断

如求爱者是那种道德败坏或违法乱纪的人，你的态度一定要果断。拒绝信要语气冷淡，对这类人也没有必要斥责，只需寥寥数语，表明态度即可；但措辞语气要严谨，不使对方产生"尚有余地"的想法。

对嫉妒心理极强的人，态度不必太委婉，可以明确地告诉他，你不爱他，你和他没有可能，这样可以防止他猜忌别人。如果你另有所爱，最好不让他知道，否则可能加剧他的妒恨心理，甚至被激怒而采取极端的报复行为。

另外，对方在你回绝后，如果还一个劲儿地缠住你，那么你首先要仔细检查一下自己的回绝态度是否明确和坚决，对方是否产生了误解；其次可以向组织汇报，通过双方领导或组织出面劝说；如果对方威胁你，那么你不要怕，要及时向领导汇报，通过组织做疏导工作。

掌握约会的规则

别以为双方的关系已经明了，以后就是花前月下、卿卿我我、如胶似漆的日子了。其实不然，严格地说，约会还是处在考察期，离明确恋人关系还有一段距离。你有可能成为对方的未婚夫（妻），也可能被淘汰出局。

在约会中，双方需注意一些细节，因为这是婚前的"自我形象塑造期"。

1. 时间规则

一定要严格遵守约定时间。一般来说，男士应该要提前一点儿到达；实在有事，迟到最多不超过5分钟，并且要道歉，说明原因。有些女性喜欢故意迟到，一定要男方先到才感觉有面子；但如果每次约会都这样，会降低你在对方心目中的形象。

选择什么时间约会并不重要，重要的是双方一定要商量好，不要在时间上单方面强调自己的要求，要考虑到对方的工作、生活时间安排，这也是尊重对方的表现。如果是晚上约会，一定不要把时间拖得太晚；刚开始约会时，以不超过10点为宜。

2. 地点规则

熟人较少的公共场所比较适宜约会，如影剧院、歌舞厅、咖啡厅、公园、保龄球馆等场所，气氛比较活跃，又相对独立，比较适宜约会。

选择地点要记住：选择自己常去的地方，有电话联系的地方，要注意避开手机的盲区，轻松愉快、便于等候（有明显的标志物）的地方，交通方便的地方。

选择的地点要有特色性. 普通的场所不能营造有利的气氛。如果是已经多次约会，还要注意不要选择已去过的地方，除非对方情有独钟。

前几次约会还要注意选择相对清静的地方，这有利于相互谈话、交流，而免受环境噪音的影响。

在初期尚未确定关系前，男方不能轻率邀请女方上自己家，更不能邀请她去单独居住的住所约会，除非她主动要求，以免她疑心你有什么不良企图。女方也不能贸然接受上述邀请，如果男方提出来最好婉言拒绝，以备对方居心叵测。同时，女方更不能邀请男方到自己单独居住的住所，以免对方误解为你有所暗示而采取大胆行动。

3. 活动规则

相互交谈是约会的主要目的，但达到这一目的的方式是多种多样的。

因此安排好约会的活动至关重要，在丰富多彩、趣意横生的活动中达到了解对方的目的。

活动内容可以有多种选择。

（1）郊游。那是很浪漫、充满情调的约会，双双投入到大自然中，在自然风光中陶醉，最易生情。

（2）影剧院或音乐厅。不受天气、气候影响，费用相对低廉。双方还可以通过观看电影、戏剧、舞蹈，听音乐来了解对方的性情爱好、对人生的一些观点，还可以在轻松愉悦中度过美好时光。

（3）体育活动。观看体育比赛特别是足球，可以让人充分发泄自己的情绪，借此可以窥探对方的性格特点，是深沉稳重还是外向直露，是细腻多情还是粗犷暴躁，都会有所显露。另外，还可以两人一块儿打打保龄球、网球、高尔夫球、溜冰、滑旱冰、游泳等，提高约会情趣。

（4）唱歌跳舞。到卡拉OK厅唱唱歌、跳跳舞，既可显露自己能歌善舞的特长，又有缠绵起舞的机会，更能增进亲近的机会。

（5）找点童趣的活动。比如到动物园去逛逛，在大雪天里堆堆雪人、打打雪仗，这些带有童趣的活动，可以使双方无拘无束地开怀大笑、蹦蹦跳跳，显露平时掩饰下的天性。

（6）参加一方的朋友聚会。在征得对方许可的前提下，可以带他（她）参加自己朋友圈子的聚会，喝喝酒，讲讲笑话，"放肆"一下，既可以让他（她）了解你交朋结友的状况和处世态度，又可以拉近你与他（她）的距离。他（她）能参加你的朋友圈聚会，就说明他（她）又与你走近了一步。

4. 礼节出规则

虽然双方表明了相恋的态度，但并没有明确关系。因此，约会中虽然不必像一般人那样礼貌有加，但必要的礼节还是需要注意的。不然，会给对方留下一个缺少修养、不懂礼节的粗俗之人的形象。

（1）衣着打扮要整洁。这不仅是体现你的外表美，也是表明你对对方的重视，表明你性格中认真的特点。如果不修边幅、衣衫不整，不仅让对方产生厌恶感，还会让她（他）感觉你对他（她）不重视，视约会如儿戏。

（2）养足精神。在约会前要休息好，养足精神，不要两人在影剧院或音乐厅时，你呼呼大睡，或者在与对方说话时哈欠连天，那是极不礼貌的，会伤害对方自尊心。

（3）谦让风度。特别是男方要表现出绅士风度，如让女方先上车、先入座，点菜、吸烟时都要先征求女方的意见。女方也不要拿"女皇"架势，被礼让、征求意见时，应该说声"谢谢"或表示谦让。

（4）付账。购票、餐费等费用，一般来说应是谁发出邀请谁付账。买电影票、门票之类的还好办些，可能会由提出约会方先买好了票。对于餐费，中国人的习惯是由男方付，如果女方要求付账，男方不应太坚持，不然她会认为你太爱逞能，甚至打肿脸充胖子。

5. 谈话规则

说话一是要口语化，不要引经据典、故作高深，特别是对方比你的学历低时。说话速度要适中，太快让对方听不明白，太慢显得有气无力。声音应不大不小，不要高声喊叫。语气应多点征询式的疑问语气，不要说武断的话。

话题不能只围绕自己，要选择两人都有兴趣且非专业性的话题。不能"一言堂"、做讲演，而让对方当听众。当对方不爱说话时，应提点令他（她）感兴趣的问题，"逼迫"他（她）谈下去。不要搞"审问式"、"查户口"式的谈话，对方不愿回答的问题时，应立即转移话题。

6. 行为规则

"行为"主要是指你对对方的亲近程度。

不能操之过急，急于亲近对方的身体。如果原来感情比较融洽，只是碍于没有捅破"窗户纸"而没有亲近的话，正式约会时最好不要有太亲近的行动。如果双方在正式约会前没有情感基础（特别经他人介绍认识的），在头几次约会时不要有亲昵的举止，最多只能是借机牵牵手、揽揽腰。不然，男方有过急行为，女方就会认为"他的目的就是这个"；如果女方首先表示亲昵要求，男方会认为"她在这方面很随便"。因此，当恋爱关系没进展到一定程度，没有合适的氛围和情感爆发时，千万不要急于有过分亲昵的举动。

7. 专一规则

生活中常常有这种情况，有的人同时与两个甚至更多的异性约会，其中有的纯粹是以恋爱为名、行玩弄异性之实；有的则是为了便于比较选择，以便能最后确实"对象"。"脚踩两只船"的最后结局，往往是"竹篮打水一场空"，而且会给你留下一个恶名声，对今后交异性朋友极为不利。

必须遵守专一原则，当发现对方不合适时，再去与别的异性约会还来得及；同时与多个异性约会，弄不好还会比较来、比较去不知谁更好，左右为难、难以取舍，把自己拉进十分难堪的境地。

女孩的恋爱宝典

在聪明女孩的恋爱宝典里应有8个要点。

1. 当个"与众不同的女人"

做个与众不同的女人只是心态问题。你不需具备万贯家财、倾国倾城之貌或天资英明等条件才会对自己有此感受，只要有与众不同的心态，一种散发出的自信感与光芒，它们会表现在你微笑的方式、语气、表情及呼吸、站相和步行姿态上。

2. 不要主动与冷冰冰的男人攀谈

主动向男人搭讪，虽可以挑起一段本来可能不会有的恋情，促成两人开始约会，但也可能使你在其间受到伤害。因为如果男人不主动采取行动，可能是对你不感兴趣。

3. 别太快坦白自我，约会不是心理治疗

毁灭男性感情的方式有许多种，给对方心理压力与坦白自己一切隐私当然是其中之一。有些女人受到开诚布公的心理学说和自助书籍影响，往往在最初几次约会时就过分暴露自我，畅谈过去的情史、自己的恩怨等——只为急于与新男友建立关系。

4. 永远比他先挂电话

别主动打电话给男人，除非偶尔必须回他们电话。当有男人打电话给你时，与他交谈不可超过10分钟，这么做让你显得很忙，且不致让你透露太多私事或计划，而比他先挂电话可勾起他对你的渴望。

5. 别答应他的临时邀约

如果他周四提出周末晚上约会一类的临时邀约，要视情况不同而定，有时要加以回绝。

6. 永远比他先结束约会

结束约会的一个好方法是意兴阑珊时看看手表，告诉他"我真的该回去了，明天还有好多事要做"（别透露要做什么事，这与他不相干）。

当两人情投意合时，结束约会并非易事，但却有必要，因为如此才能让他更渴求，而不是感到烦腻。

7. 第一次约会时坚守防线

第一次约会时以让他牵你的手为限，此举可使你在他心目中保持神圣地位，如果两人持续交往，他一定会爱上你的灵魂、你的人格而非只是你的身体。

8. 不要企图改变他

假设你遇见一个条件很好的男人，但是他有些方面与你期望的不同，别试着改变他，因为江山易改，本性难移。你应该包容他的某些缺点，不然就换个男朋友。

让男人有机会献殷勤

当男人喜欢上一个女人，他期待取悦对方，并因期待而兴奋不已；

一旦感受到完全的满足，他就不再有追逐的乐趣。如果能够保持适当的距离，不仅能使他更兴致盎然，还给他继续追逐的机会。

女人因为期待对方能带来快乐而兴奋，结果使她更毫无保留地付出；男人则因感受到他将掳获女人的芳心而兴奋，她的快乐代表他的成功，她的满足就是他的快乐。

男女约会时，女人常犯一个错误就是不断付出。她们不明白，"接受"才能更添自己的魅力。当男方开车到女方家接她赴约，她打扮得美丽动人，男方诉说着浪漫的赞美之词，女方也欣然接受。他陪她走到车右方，打开车门，让她入座。等她坐定，他关上车门，她微笑称谢，然后他走到车另侧开门入座。这时，她会怎么做？她会越过驾驶座帮他开车门，还是让他自己开？

当这位女孩不懂得保持一定的距离让男人来献殷勤，她一定会翻身过去帮他开车门。虽然这看似体贴，但是以男人的心态来看，等于是剥夺了男人追求取悦的机会。这样的付出会令他期待的乐趣落空。

许多女孩没有想到，约会的目的应该是让男人表现他的关心，女孩接受他的付出并给自己时间了解彼此喜欢的程度。

如果需要女方翻身替男方开车门，男方就无须多此一举先陪女方到另一边的车门下车。男方之所以这么做是为了表现绅士风度，讨好女方，所以女方应该让他表现，而且高雅地接受他的殷勤。

当女方替男方开车门的同时，不仅毁掉了整个约会的目的，也混淆了双方所扮演的角色。她可以欣然地坐在座位上，对他的体贴心存感激，这样会使彼此的吸引力更为强烈。

尽量增加接触机会的次数

有一则笑话：一名在外地的男青年每天写情书给自己的女友，而且以快递寄出。一年后，女友结婚了，新郎却不是原来的男青年，而是送快递的人。

俗话说："见面三分情。"每天见面会在不知不觉中对对方抱有好感。心理学家利伊亚西斯称这种情形为"单纯接触原理"。双方一旦接触次数越来越频繁，就会增加好感的程度。

约会之外，使用电话、情书、邮件……尽量增加接触机会的次数，将成为恋爱胜利者。具体地说，将一个月两次的约会增加到三次、一周两次的电话增加到三次。从增加一次接触开始吧！

如果偶尔减少接触次数，将令对方等得心急，而会焦急问道："这个星期只打了两次电话，为什么？"这时，表示对方已经非常在乎你了。不要觉得麻烦，诚恳、认真、持续地努力吧！

鼓励会让女孩变得更美

苏门答腊流传着一则"九头牛"的故事。

故事是这样的——从前英国有两位青年，他们因为船只失事而漂流到苏门答腊的一座小岛上。岛民接受了他们，两个人就这样在岛上生活下来。经过一年，英国有一艘船抵达这座小岛，其中一位年轻人说："我不想回英国。"并表示希望和岛上的一位女孩子结婚，继续在此地生活下去。另外一个人劝他说："这样好吗？坦白说，我怎么看都不觉得那女孩子是个美人。"但是因为对方心意已决，他只得自己一个人回国了。

时光飞逝，回国的年轻人由于事业成功，变成了一位企业家。已经功成名就的年轻人缅怀起往日共患难的兄弟，特别包船前往苏门答腊，想看看对方过得怎样。他到达时，岛上刚好在选苏门答腊第一美女。在苏门答腊之星祭典到达最高潮时，第一美女也被选出来了。她真是美丽！年轻人看得不禁神魂颠倒，心想："那就是苏门答腊之星吗？真是美艳动人！"

当他与当时留在岛上的年轻人再度相会时，两人紧紧拥抱，共同缅怀往日的时光。

"那位姑娘怎样？我是说你的妻子。"企业家问起对方。

"你应该见过她了。"

"我并未见过她啊。"

"你见过了。"

原来那位荣选为苏门答腊之星的美女就是他的妻子，也正是当初"怎么看也不算是美女"的女孩。

留在岛上的年轻人诉说起昔日往事。"按照岛上的婚礼习俗，男方必须买一头牛送给女方，但是我买了九头牛送给女方当作礼物。当我把那九头牛带到她家时，她的父亲、家人都很惊讶，而她边哭泣边发誓地说：'我一定要变成适合接受九头牛的女人！'我想她当时应该很感动吧！"结婚后，年轻人不断称赞妻子"很漂亮哦"，女孩因为受到这样的鼓励，自然更加努力地美化自己。日子一久，祈祷与期待竟然成真，这位姑娘摇身一变，成了苏门答腊之星。

同居不可取

日夜以对，你总会发现对方的缺点，你以为到时候就可以不负责任吗？

你以为同居就代表自己不受困，可以像单身一样自由吗？错了，对方名义上是女友，实则是在履行太太的种种权利和义务。有人代你干家务的同时，你也要接受有人留意你跟异性打电话、抱怨你下班并不立即回家、啰啰唆唆说你这不讲究那不卫生。

你以为同居就代表经济可以保持独立吗？很多女人都有"联名户口情结"，觉得做什么都联名才能代表爱是永恒。跟你同居的女人，一样会要求户口联名、物业联名，绝对不会跟你客气。

你以为同居就代表分手不用办离婚，手续较简单吗？除非你是住进女友的家，一旦分手挽个皮箱就走。如果是女友入住你家，而提出分手的一方是你，你会那么容易就请对方离场吗？

你以为同居就代表分手不必付赡养费吗？在外国，同居两年就等同有合法夫妻地位，对方一样可以跟你分家。我国的事实婚姻虽然已经废止，但同居前最好先盘算清楚。

同居可以省租金、省水电费，这倒是真的。如果你的最大理由是经济，那也无话可说。很多人是为了房子而结婚，为了钱而结婚，见怪不怪。

既然同居跟结婚分别不大，那么不如保持不同住的恋人关系或者名正言顺的结婚。

想清楚再结婚

很多女人以为结婚是万能的：工作不如意，结婚；经济环境差，结婚；生活无聊，结婚；30岁快到了，结婚……

别以为女性才会为婚姻大事作茧自缚，很多男人也有同样的盲点，以为结婚就能解决一切问题：想结束游离不定的感情生活，结婚；想专心发展事业，结婚；想有人煮饭洗烫干家务，结婚；30岁应该成家立室，结婚……

一纸婚书并不会改变一个人的性格，如果婚前花心，婚后感情生活依旧会波涛起伏。

一纸婚书并不代表你可安枕无忧发展事业，背着养活妻儿一辈子的责任，代表着你必须放弃单身时代的能屈能伸、随意便可闯荡四海的自由。

一纸婚书并不保证你的老婆是个进得厨房、出得厅堂的贤妻，相反你可能会多了一个时时叫你帮手做家务兼买盒饭的"女王"。

单身好还是结婚好不是讨论焦点，总之各有所好、各适其适就是了，关键是：请尊重婚姻是一件神圣的事，一项终身承担的责任。千万别嬉戏人生，自私地以为结婚就可以将自己的问题转嫁到对方身上。

胡乱地结婚不会解决现有问题，只会制造更多问题。

让爱情保鲜

一位男士有天晚饭后正在家中看电视，不知结婚三年的太太在一旁唠叨些什么，他专注地盯着电视，没去理会。

这时太太突然一下站了起来，开始在客厅里翻箱倒柜找东西，找着找着，逼近了他身旁，甚至把他坐着的沙发垫也给翻了过来。

这下他实在忍不住，便开口问："你到底在找什么？"

她说："我在找我们感情中的浪漫，好久没看到了，你知道它在哪儿吗？"

这个回答既幽默又令人心疼，也道出了许多老夫老妻心中的无奈。

在一起久了，感情的确稳定下来，但风味似乎也由浓烈转为清淡。原先的激情不在，猛一回首，才惊觉自己手中一路捧着的爱情早已如风干的玫瑰，变味走调多时。

这阵子演艺圈不时传出消息，许多爱情长跑多年的银色情侣纷纷宣布分手，而普普通通的你我也听到周围朋友分分离离的消息此起彼落，不禁让人担心起来，爱情是否真是无常。

其实对待爱情，就应该如同照顾鱼缸中的热带鱼，必须常常换水以保新鲜，这样五颜六色的热带鱼才能自在、顺心地摇摆出绚烂的生命力。

爱情是需要保鲜的。

美国心理学家安吉莉丝有个不错的建议，她把它称为"亲密大补贴"，是一个三乘三处方，亦即一天三次、一次三分钟，主动对另一半表达你的爱意。

每天的三次分别在什么时间进行比较好呢？不妨试试早上下床前、白天上班时以及晚上就寝前。

早上睁开眼，先别急着下床，可以抱抱另一半，享受跟心爱的人一起睡醒的温暖；还有，在白天找个时间通三分钟电话，告诉对方你正想着他；另外，晚上临睡前，更该花些时间相互表达浓情蜜意。

这个做法非常合乎快乐的原则，因为快乐感不能一曝十寒，而是源于随时产生的小小成就感累加后的效应。

把你的爱情当成鱼缸中的热带鱼，使用三乘三"亲密大补贴"来细心照料，你会发现，你的爱情将能永葆新鲜、跃动不已。

在与另一半进行爱情保鲜计划时，首要之务是你得全神贯注。把别的事全都忘掉，此时全世界都消失无踪，只剩下亲爱的他（她），把你全部的注意力都放在对方身上，专心与他（她）为伴。

重要的不是你说了些什么，而是你怎么说。在亲密示爱的时刻，这个道理就更为要紧。爱意的传达，光靠"谈"情"说"爱是不够的，说话的内容得推敲琢磨，说不出来的部分更是重点。

在感情中，"感"觉和"情"绪是关键。

你嘴里说"正在想你，觉得很温暖"，但心里却想着"等下开会，一定会被老板骂得很惨"，这种人到心不到的表现以及心不在焉的情绪状态，就连自己都无法感动，又如何能期望另一半感觉到爱意呢？

而当全神贯注时，你传达了一份"我重视你，我在乎你"的意念，这份用心会让对方觉得备受尊重，而且能满足对方心中渴望被尊重的情绪需求。

而爱情，不就是建筑在被珍视的感觉上吗？

唯有专心地让自己沉浸在爱的情绪中，你才能真正有感而发，使另一半动容，确实达到爱情保鲜的目的（否则弄巧成拙，还不如不做）。

接下来给你几个有助于你全神贯注的建议：

开口前先深呼吸几下，让脑中意念及情绪充分转换；

在听对方说话时，跟着他（她）的话去想象；

千万别打断对方，微笑鼓励他（她）把话说完；

对方欲言又止时，告诉他（她）："亲爱的，我在听，请说。"

只要掌握这些原则，全神贯注就一点也不难，而且三乘三的爱情保鲜计划一次只需三分钟。维持三分钟的专注，绝对是轻而易举的。

爱情保鲜计划的第二个原则是，常常展现浓情蜜意。

这里所指的是肢体上的亲密感。也就是说，在每日三乘三爱情保鲜时刻，别忘了动动口、动动手，用你的身体来传达爱意。

最佳的示爱肢体语言，包括热情拥抱、轻摸脸颊、牵手、搂腰以及亲吻等（除此之外，你还想得到什么独门的做法吗？）

有时不需言语，只要温柔地拥抱对方，让彼此的身体及心理一起感到温暖，爱意就充分交流无遗。

身体的距离，往往也反映出心理的距离。许多老夫老妻就是羞于亲吻或是忽略碰触，才导致两人渐行渐远。

请千万别低估了身体接触的重要性，为了要经营更浓情蜜意的爱情，请你对另一半毛手毛脚、毫无保留地展示心中爱意。

最后一个爱情保鲜的原则是：表达赞赏和感激。

在每天、每次的亲密时刻，你需要把握机会，告诉另一半你对他有多么欣赏、多么感激，就是要你继续谈情说爱。

如果你在这方面的功力有些减退。没问题，以下我们就详细推敲一下开场白该怎么说吧！

（1）"我喜欢你的……""我欣赏你的……"例如，"你知道吗，我一直很喜欢你的大方，不论是对朋友、家人，甚至是我的家人，你都愿意伸出援手，而且出手十分慷慨，我很欣赏你这份不计较的潇洒。"

"老婆，我最喜欢你的细心。这件外套什么时候掉了扣子我都浑然不知，幸亏你细心体贴，闷不吭声地把它缝好，没有你我还真不知道该怎么办呢？"

或者"老公，我很喜欢被你爱的感觉……"

（2）"谢谢你……"告诉他你的感激："老公，谢谢你这么专心地听我发牢骚，其实都是些可有可无的小事，你却能把我的感觉当一回事，听了这么久，让我觉得很受重视，心情也好多了……"

"亲爱的，谢谢你刚才在朋友面前支持我的意见，你从来都不在人前让我难堪，真是善体人意，让我更加爱你。"

（3）"对不起……"趁机化解一些小误会。"老婆，对不起喔，我今天早上在车上因为上班快迟到而一时心急，对你说话大声了些，真是抱歉……"

（4）"我爱你身体的……"对另一半也该以貌取人一番："亲爱的，你的眼睛一直很迷人，我最爱看着你的眼睛……"

"老公，你知道我最爱你厚实的胸膛，让我很有安全感……"

时常表达赞赏及感激，是爱情最好的调味剂，它让爱情永远不会平淡无味。

第十章　应酬是社交的法宝

"今晚请王董事长上夜总会""明晚大富豪酒楼陈总请客""这星期六要在国际饭店和客户签约"……我们的社交活动已被太多的饭局、应酬填满了。

可以说，没有应酬就不成为现代生活。然而，到底应酬是什么？是客套寒暄？还是请客吃饭？或是上歌厅舞场？不错，这些是应酬，但却不是应酬的全部。应酬涵盖的乃是"面对别人"的所有生活。

除非独处，我们无时无刻不在"应酬"，例如，参加宴会会议、与朋友往来、和亲人相处等。

八面玲珑的应酬技巧

有人说："应酬是社交中的法宝，更是处世待人接物的度量衡。"如果你深懂应酬之道，你的工作和事业必然因和谐的人际关系、良好的人缘而充满乐趣。

有些人认为应酬只是表面客套，完全是虚假的交际手腕，它只讲求技巧而已。也许你的圆滑真的能为你争取到不少"友谊"，但别忘了，世界上不是只有你一个聪明人，所谓将心比心，你不以真心对待别人，又怎能换得别人的真情？

八面玲珑的应酬技巧不是愚弄，也不是欺骗，它应该是现代生活中一门最高尚的艺术。通过交流，把我们的诚意传导给别人，使别人受到感应，因而愿意自动地赞同和帮助我们。

钢铁大王卡耐基曾在笔记上写着："我希望35岁时就退休，再进学校专攻应酬技巧。"还有一位船业巨子曾说："我情愿做一个应酬学者，而不愿做资本家。"

你不必抱怨："如果我有了钱，就……"或许你目前的生活和事业不太得意，但是，成为富有的人并不能带给你什么，真的能使你得到快乐的还是"八面玲珑"——诚恳、善意、体贴的应酬技巧。

要抓住客户的心，先抓住他的胃

林语堂博士曾说："中国人的快乐概念是温暖、饱满、黑暗、甜蜜。"这是指吃一顿饱食之后上床睡觉的满足感，也的确是很多人都认同的人生乐趣。

不过，自古以来，中国人的饮食问题并不简单。婚丧喜庆要吃，送往迎来还是要吃，这其中的人情应酬有多少学问呢？现在，这个忙碌、追求效率的工商社会更是讲究吃，五步一家酒楼，三步一家"大排档"，还有大大小小的洋快餐……

当然，除了满足口腹之欲，享受人生乐趣之外，恐怕"餐桌战术"才是人们大宴小饮的真正目的。

"要抓住丈夫的心，就要控制他的胃。"一个贤惠的家庭主妇尚且要运用"美食战术"来维系家庭幸福，那么，在社会上想百战百胜，怎能不讲究饭局的战略运用呢？

《战国策》上有则小故事：齐桓公夜半肚子饿，厨房易牙趁机大显身手，做了一顿色香味俱全的宵夜进献给桓公，这一餐吃得齐桓公龙心大悦，易牙先生从此平步青云，在朝廷中担任要职。

从前的皇帝，懂得在饮食中"杯酒释兵权"；今天的主管和属下，要联络感情、化解纠纷，也非吃不可。要小心喔——吃人的嘴软、拿人的手短，当你在利用"美食战术"应酬时，同时也要注意别人的"陷阱"。

难处大都可以通过饭局化解

社会应酬有各种利器，"美食战术"的厉害前面已谈过。然而，一顿餐宴有如此作用吗？怎么可能一饭解千愁呢？

其实"一饭"的真义是指它的无形价值。换句话说，是凭借一顿餐宴来建立彼此的友谊，达到沟通的目的。

由"一饭"而定交情，往后便可凭这份交情而得到别人的帮助，使困难迎刃而解。如果平时不多结善缘，等到急难关头才"无事不登三宝殿"、四处请求救援，恐怕你只能得到别人幸灾乐祸的眼光。

许多人在交际中，偶因一时错误或其他因素而得罪朋友，这时候也可以安排个饭局来解开彼此的心结。而且，越是人世深、阅历广的人，越懂得这种在餐桌上解纠纷的学问。

不轻易低头是大丈夫的本色，但勇于认错却境界更高。一顿饭、一杯酒，觥筹交错间尽释前嫌。赔罪的人既不尴尬，受礼的人也面子十足，如果还有通情识趣的陪客在旁边美言，这一餐饭的功用就更大了。

世间多少的僵局难处，都可以通过一餐刻意安排的饭局来化解；多少敌意相视的人，也能因为同桌共餐而握手言欢。慎选朋友，细挑餐宴，再善用"餐桌战术"，说不定使你得道多助的正是这些人呢！

友情可以"吃"出来

社会是集体创造的，个人能力还是有限。因此，如何与人维持良好的关系，在困难时能够安渡危机，这就靠平日所做的种种努力了。

许多有意无意的共餐场合，就是与人相处、联络友谊的好时机。我们不妨举一则新闻来看看：

　　根据报载，某市有个"烧酒会"，会员12人，他们之间早已不是"酒肉朋友"，而成为情谊弥笃的"金石之交"。

　　起初，他们只是两三个好友共同组成"烧酒会"，经过一段时间的聚叙之后，参加餐会的人越来越多。后来，他们发现"烧酒会"这个名称过于俗气，乃改为一月一次的"庆生会"，并由召集人负责每月安排一位寿星，每人出资300元做基金，不足之数则由当月寿星负担，地点可在餐厅，也可以在家中，悉由寿星决定。

　　数十年的聚餐，从未间断过，只要聚会日期一定，会员们不论风雨、远近，都会准时出席。平日只要听闻某会员有需要援助之处，其他会员也都义不容辞地挺身而出，因此会员之间交情铁得很！

　　这样的友情，可说是"吃"出来的。事实上，如果"吃得好"，不但不会结交到见利忘义、以现实为重的朋友，反而会"吃"出一大堆情同手足的朋友。

　　当你有了这种知交，人生便不再孤独，因为朋友随时能帮你的忙，为你指点迷津、排难解纷。有了这样的人际关系，还担心没有共同创业、同甘共苦的伙伴吗？

　　所以说，"吃"应该算是社交应酬中最重要的人情往来。"美食战术"运用得当，真能使人"一饭解千愁"，因此"商业晚餐"也就越来越多了。不过，一定要善于把握分寸，这样才能真正"吃出锦绣前程"来。

做客的3个原则

　　在当今这个社交活动频繁的社会，人际交往、生意洽谈、事务交涉等常通过餐饮聚会来促成。因此，无论你的身份地位如何，都有许多参加聚会的机会。

然而，有些人却视参加宴会为畏途，一被邀请出席，就会惶惶不安、裹足不前。其实，参加宴会可喜而不可怕，只要明白应对进退之道，就算遇到什么意外情况，仍然可以泰然面对，应付自如。

要成为一个受人欢迎和尊敬的客人，在参加聚会时应做到以下几点。

1. 注意仪表

过去，人们有一种错误的观念，认为只有女人才需要注意穿着打扮。事实上，无论男女，保持仪表的整洁美观都是一种礼貌。一个男人把头脸梳刮干净，自会显得神采飞扬，以这种面貌去赴宴，表示你对宴会的尊重，主人也有光彩。何况在现代社会中不乏以貌取人之辈，不可不防别人从门缝里看人，把你瞧扁了！

参加非正式的小聚会，诸如老朋友或同事间的餐会，只要衣服整洁就可以了，穿得太讲究反而叫人觉得拘束而不自在。

2. 准时赴会

除了整齐的仪表之外，准时赴会也是使你成为一个理想客人的主因。赴宴尤其应准时，切勿让人久等不至，延误开席时间，但也别到得太早，让主人猝不及防，乱了方寸，不知如何安置你这早到的客人。

到达宴会场所后，首先要和主人打个招呼，然后再和其他宾客寒暄。有一点必须注意的是：主人安排这次宴会，必有特殊意义，所以他要你坐在哪儿，把你介绍给谁，最好按照他的意思，绝对不可自作主张。

坐好以后，切忌过分随便或大放厥词。比如，一坐下来便跷起二郎腿，或者对屋内的陈设摆饰游目四顾，摆出一副批评家的姿态。要知道，这些东西在你看来也许不入流，却是主人辛辛苦苦操办的成果，你纵使不喜欢，也应当表示相当的尊重。肆意批评不但伤害人，也破坏了你身为客人的形象。

3. 餐桌礼仪莫忽视

应邀赴宴的主要节目和快乐是吃。熟习餐桌礼仪的人，必能从容自在，吃相文雅地享受这与人同桌共食的一刻。

如果是中餐宴会，用餐入席时，应等主人或主客坐定后才可依序坐下，切忌贸然抢坐。上菜时，也应等主人招呼后方可举箸夹菜，但不可任意翻搅盘中食物，挑选自己爱吃的东西。使用餐具和咀嚼食物不宜出声，入口的食物也不可吐出来。此外，喝酒亦应适量，千万不可不自量力地牛饮豪喝，万一醉酒呕吐满地或举止失常，会给主人增添许多麻烦。

用餐时动作要自然、高雅。双肘弩张、撑在桌面上，不但不雅观，也障碍别人进食。如果你是左撇子，在取用食物时，更要特别留心。至于你放在桌子底下的那双脚，虽然别人看不见，可也不能放肆地踢出去，应该平踏在自己的椅子前面，以免踢到别人。一个有礼貌的人，总是端正而稳重地坐在椅子上，绝不会摇晃转动椅子的。

餐桌上的谈话有不少禁忌。例如，口中含着食物时不可以说话，必须等食物咽净了再开口；谈话的内容也不可掉以轻心，应慎重地选择话题，免得说过之后让同桌的人食不下咽、倒尽胃口。

此外，当你在进餐中遇到特殊情况时，宜妥善地处理。例如，食物翻倒了，应赶快用手或餐具拾起置于盘子旁边，不要惊动他人；不小心喝到太烫的汤汁时，不可吐出来，应赶紧喝口冷水吞下去。再如非擤鼻子不可时，要记住轻声向旁座者道歉，然后把头偏离桌子，尽快清理完毕，再继续进食。

宴会着装要重视

参加一个正式与非正式的宴会，要做到不失礼，要注意的问题很多。

先从仪表说起。在赴会前，男士们必须理发美容一番；女士们除了要梳洗之外，还应当略为化妆，因为假如你的脸色过黄或过于苍白，在灯光掩映之下难免会露出可怖的样子来，即使你穿得很整齐，也显得不相称。

穿着什么服装才算合适？这本来没有什么硬性规例，应视约会的性质和场所而定。譬如，规模相当的宴会，穿着就要讲究了，这样才算得体。反之，假如只是一群同事、老朋友约叙的晚饭小酌，就可以随便一点儿了。

一般来说，婚姻嫁娶，拜大寿等算是正式宴会。参加这种宴会的男士们，应该穿颜色深一点儿的西服（即普通西装）。切勿穿着花花绿绿的上衣，加上色调不同的裤子，不结领带，衬衣领子不扣好，甚至穿上猎装、衬衫之类就贸然赴宴，这是非常失礼的。务必穿皮底的鞋子，千万不可穿胶底鞋，免得跳舞时脚步不能灵活地移动，或与地板摩擦时发出怪声，以免使你的女伴尴尬万分，自己也狼狈不堪。

女士们参加规模相当的宴会，如果穿晚礼服应该加上披肩，更加重要的是手套，如果礼服是长袖的可戴短手套，反之则戴长手套。如果穿旗袍则以色调高雅艳丽为宜，且要戴短手套，高跟鞋色泽应与衣服合调为佳。切勿着衬衫西裤、长衫裙之类服装赴会，这些都是失礼的。脸部化妆也是必要的，如果是已婚女士，可以浓艳一点儿；未婚女士则以淡妆为宜，过于浓艳则显得太成熟了，失去了少女的青春美。

普通宴会衣着虽不必像上面所说那么讲究，但也不应穿着衬衣或短裙之类服装赴宴，仍以整齐为宜。虽然宴会规模较小，但衣履光洁也是表示尊重主人。

如只是家庭晚膳小酌，赴会者多是好友、同事的话，则不必太过修饰。

不论参加正式或非正式的宴会、夏天或冬天，除了大衣之外，礼服或便服的上衣都不应脱下。除非是很熟的几个老朋友、同事在一起的小宴会，否则绝对不能宽衣。

做好东道主的技巧

中国崇尚礼尚往来，你有机会应邀做客，自然也会有做东请客的时候。做东之道又应如何呢？

1. 做好宴会的准备工作

一个聪明而成功的主人，对于宴客之前的准备工作，譬如，客人名单的决定、请柬的印制寄送、席次的安排及酒席的菜肴等，必然都会预作妥善的安排。当客人来到时，也必能以热忱的态度，愉快亲切地招待他，使众宾客都有宾至如归的感觉。

2. 待客须周到热情

身为主人的最大考验是，你必须眼观四面，耳听八方，把每一位客人都招呼得周到而舒适，不论宴会人数有多少，你都应该尽力跟每一位客人交谈，即使是很简短的寒暄问候也好；绝对不可只跟三两个好友长叙不休，否则其他客人会觉得被冷落而不愉快。当然对于年长的客人你可以多几分尊敬或殷勤，但仍不宜占用过多的时间。

谈话时也应选择大家都能参与的话题，使多数宾客都能发表意见。万一发生了争论，做主人的最好能转移话题，切勿加入任何一方参与论战，破坏宴客的欢愉气氛。

在餐桌上，你也要留意谁不喝酒，谁需要其他的饮料；又有谁不喜欢辛辣的食物，应更换哪些菜；谁的酒喝完了，应为他斟酒；谁的茶喝干了，需要再加水……诸如此类的细节，身为主人的你都得明察，并善尽东家之谊，热诚地为客人服务。更应注意不同民族在饮食上的禁忌。

宴客最要注意的是席间的气氛，做主人的若紧张兮兮，客人也会被弄得很不安。所以在筵席上，你的举止应安详自在，这样客人也才会轻松自然。纵令席间出了意外之事，你也无须大惊小怪，宜引开其他宾客的注意力，然后悄悄地帮忙处理，尽量避免使客人尴尬。

热情而周到的招待令人愉快，但也不可过分，劝菜、劝酒、奉茶、敬烟等应有分寸，过犹不及，反倒让客人"吃不消"！

在进餐当中，有客人感到不舒服时你应留心照料，情形严重的则需请医生诊疗；如果客人中有易醉酒的，你也要多费心，免得他喝过量而闹酒，影响其他客人的心情……诸如此类烦琐杂事，都是一个称职的主人应该做到而不可疏忽的。

中国人是世界上最慷慨好客的民族，大宴小酌，四季不断，所谓"人生得意须尽欢，莫使金樽空对月"，春节、中秋、小儿满月、父母大寿、乔迁之喜、发财之乐……每一种理由都可以使你"家中客常满，杯中酒不空"。有快乐，何不让亲朋好友共享？你愿意让自己成为一个成功的主人吗？

3. 客人与请柬

普通的家常便饭，用电话打一声招呼，就能引来无数朋友聚在一起大吃一顿；但正式的"宴客"就得计划周详、准备妥善，才能得到宾主尽欢的效果。

正式的宴客总是有动机的，有主客、陪客。主客与陪客之间必须志趣相投才不会使喜剧成了闹剧。如果一言不合、不欢而散，也会使主人面上无光。陪客之间也得有默契，能互为照应，才能使宴会中的宾客如坐春风。

稳重型的陪客，使宴会气氛协调和美；口才便捷的陪客，是宴会中的甘草、润滑油；会喝酒划拳的陪客，让宴会有生气有活力；异性陪客，为宴会带来温柔美感。但是，稳重却不可呆板固执，会说话却不可油嘴滑舌，会喝酒不能闹酒，划拳行令不能吵嚷不堪，温柔不能下流……总之，做主人的要未雨绸缪，才不会临场生变，难以收拾。

决定了宾客名单之后，下一个步骤就是通知对方。不管是正式还是非正式的宴会，主人都应事先通知自己邀请的客人，给予对方充裕的准备时间。

通知的方式，可以在当面邀约、电话邀约或发请柬三者中任选其一，但较正式的宴会宜发请柬以示郑重。

不管何种方式，都应该在宴客前10日左右通知对方，不过，如果请的是外地的朋友，就要更早寄发请柬，让对方能有充分的时间准备赴宴。

适时发请柬，可以让对方把各种事情预做安排，届时也能轻松愉快地来参加你的宴会；发得太早，对方可能会因事情忙碌而忘记；发得太晚，不是让人措手不及，就是已过了宴客日期。

请柬的写法有很多种，但以简捷明了、让对方觉得受重视并乐意赴宴最为重要。请柬上要印好主人的姓名、地址、电话，并且要写明宴客的时间、地点、方式。当然也可以附上回帖，以便确定来客的人数。

4. 美酒佳肴宴嘉宾

菜是给人吃的，菜单应该因人、事、时、地做不同的调整。比方正式的盛宴，绝不能用一席素菜打发；普通的亲友小叙，就犯不着用16道以上的燕翅席来瞎充场面；在家便饭，不可能供应大餐馆才做得出来的火候菜；夏日炎炎，也不可以隆情盛意地把火锅、烤炉端出来……

最主要的还是客人的口味。有人不爱吃辣，有人偏爱吃甜，有人好酸，有人喜苦……请客之前，最好打听一下客人的喜好或禁忌，这样安排出来的酒菜才不会让人有"对案不能餐"的感叹！

菜多不等于菜好，新鲜、精致、卫生才是饮食的三大要诀。此外，配菜的饮料也须注意调配。

酒在宴会中的重要性并不亚于菜肴，外国人在宴客时，常供应五花八门的酒类，对于酒的讲究凌驾于食物之上，饭前、饭时或饭后所喝的酒都各有分别。中国菜的式样较多，无法像吃西餐一样，上海鲜时配白酒，上肉类时配红酒，上甜菜时喝香槟……但如果能随客人的喜好，选择一种酒配上合宜的杯子，在席间与宾客细斟慢酌，更能助长饮食情趣。喝酒也以恰到好处为美，千万不要强迫客人多喝。主人不应有劝客"无醉不归"的错误观念。

宴会宾客的主要目的在于使朋友相聚一堂，融洽欢叙，若能以美酒佳肴加上隆情盛意款待座上客，必能让宾客乘兴而来、尽兴而归。

关于介绍的注意事项

现代社会中，人与人之间接触的机会越来越多，如何运用介绍艺术来穿针引线，使你认识更多的朋友，从而拓展自己的人际关系，帮助自己的事业走向成功，这实在是一门艺术。

也许有些人会这样认为："介绍？那还不简单，只要彼此通报姓名就够了，没什么了不起！"事实上，介绍之道包罗许许多多必须注意的礼貌和技巧：如何善用说辞，把自己的特点推介出去，让别人对自己留下深刻的印象；如何面面俱到，不夸张、恰如其分地给两个陌生的朋友牵一条友谊的线，使人人都如沐春风，这都是需要有相当功力的。

与人第一次相见时措辞适当、态度有礼能使人对你产生好感，愿意继续与你交往，并且乐意和你做朋友；假如自我介绍时口齿不清或态度轻慢，那么，人人避之唯恐不及，还会和你深入交往吗？

总之，不论是自我介绍、被人介绍还是充当介绍人，你都应该表现得恰如其分，不必过度渲染，更不可含糊其词，最重要的是扮好自身的角色。熟习社交礼节、把握要点，贴切得当地介绍，才能使宾主尽欢，满堂和气，座间人人和悦愉快。

什么样的介绍才算是成功的介绍呢？介绍时又需注意那些事项呢？

1. 让自我介绍成为吸引人的"广告"

在应酬中，自我介绍是必不可少的。从交际心理上看，人们初次见面，彼此都有了解对方并渴望得到对方尊重的心理。这时，如果你能及时、简明地进行自我介绍，不仅满足了对方的渴望，而且对方也会以礼相待、自我介绍。这样，双方以诚相见，就为进一步交往奠定了良好的基础。

在参加社交集会时，主人不可能把每一个人的情况都介绍得很详细。为了增进了解，你不妨抓住时机，多作几句自我介绍。时机有两种：一是主人介绍话音刚落时，你可接过话头再补充几句；二是如果有人表示出想进一步了解你的意向时，你可做详细的自我介绍。

自我介绍时应注意以下几点：

第一，要有自信心。在日常交往中，有些人怕见陌生人，见到陌生人，似乎思维也凝固了，手脚也僵硬了。本来伶牙俐齿的，变得说话结巴；本来笨嘴笨舌的，嘴巴更是如贴了封条。这种状况怎能介绍好自己呢？要克服这种胆怯心理，关键是要自信。有了自信心才能介绍好自己，给别人留下好的印象。

第二，要真诚自然。有人把自我介绍称为自我推销。既然推销产品时需要在货真价实的基础上做宣传，那么推销自我也不能不顾事实而自我炫耀。因此，作自我介绍时，最好不要用"很""最""极"等极端的词汇，给人留下"狂"的印象；相反，真诚自然的自我介绍，往往能使自己的特色更闪闪发光，引起人们的注意。

第三，要考虑对象。自我介绍的根本目的是要给对方留下一个印象，因此要站在对方理解的角度来说话。比如，第一次参加某方面的研讨会，你站起来说："我叫××，我来发个言。"此时在场的人一定会想：这是什么人？怎么从来没见过？他代表哪方面？他的意见值得听吗？所以，面对有这么多想法的听众，你只介绍"我叫××"是不行的，别人不会专心听你的发言。如果你理解了听众的心理，就可这样介绍："我叫××，是××大学的教师，我第一次参加这样的研讨会，望大家多多指教。现在我就这个问题谈谈自己的看法……"这样的介绍，才不会使听众心中结下疑团，才能使听众专心听你的发言。

所以，在介绍自己时，一定要重视与你打交道的人，要随机应变。如你面对的是年长、严肃的人，你最好认真规矩些；如与你打交道的人随和而具有幽默感，你不妨也比较放松地展示自己的特点，做出有特色的自我介绍来。

2. 如何在介绍他人中赢得尊重

在应酬中，经常需要介绍他人。一般来说，介绍他人时应先向双方打个招呼"请允许我介绍你们认识一下"或"我介绍你们相互认识一下好吗"等。这样可以使双方有思想准备，不会感到突然。

按一般的习惯，做介绍时，如果不同性别的两个人，应该先把男士介绍给女士；如果男士年纪比女士大很多时，则应先把女士介绍给男士；如是不同辈分、职务的两个人，应先介绍晚辈给长辈，先介绍下级给上级；把一对夫妇介绍给他人，在一般情况下应先说丈夫，后说妻子；把两个群体相互介绍时，一般只介绍带队的、职务高的，随员笼统介绍即可。

有时，需要把某个人介绍给很多人，应该先向全体介绍这个人的姓名、职业，然后再依照坐着或站着的次序一一向这个人做介绍。如："各位，这是电视台的记者刘方。小刘，这是公司董事长××，这是总经理××，这是……"

向大家介绍新来的领导、来讲课的老师或做报告的专家学者时，只要把这个人介绍给全体人员就可以了，不必再一一向他做介绍。被介绍者要站立，向众人表示谢意，众人一般应鼓掌致意。介绍的内容，一般只包括姓名、身份；如有必要，也可介绍籍贯、个人性格、爱好、工作成就、所熟悉的老师、同学、朋友，等等。通过这些内容的介绍，使双方能够很快沟通。

在介绍他人时，应注意以下几点：

第一，介绍时要热情诚恳，面带微笑，神情要镇定自若，落落大方，充满自信。即使遇到意外情况也不要慌乱，造成一种融洽随和的气氛，给被介绍的双方留下难忘的印象。

第二，介绍时口齿要清楚，并作必要的解释和说明，以便使听的人能够很快记住双方的姓名。

第三，介绍方法要灵活，要随机应变。面对长者或领导，要使用尊称，如说"请允许我向您介绍……"。在朋友之间，可用轻松活泼的方式，有时不妨幽默一点儿。

如何用口才驾驭宴席

作为东道主，你应该让客人饮得既要尽兴又要适度，让酒宴上的气氛始终欢快融洽，这就要看你的口才在酒宴上的发挥。在宴席上侃侃而谈、驾驭酒宴的才能才是令大家佩服的真本事。

1. 适度为好

要破除"但使主人能醉客，不知何处是他乡"的旧观念，应当以真诚相待为前提。不知客人的酒量和身体状况，一味地劝人多喝，就有失待客之道。

劝人喝酒应遵循喝足不要喝吐，喝好不要喝倒的原则，让客人乘兴而来，尽欢而去。

2. 席间三戒

在酒席上，宾主欢聚一堂之时，戒感情用事、胡乱吹捧、滥用颂辞；戒对别人抱有成见，平时无表达机会，酒席上借酒发挥，出口成"脏"，恶语中伤；戒在酒席上、朋友之间相互攀比，口出狂言，目空一切。

3. 注意酒德

别忘了饮酒也是文化，酒宴应当成为文明、礼貌的交际场所。大家叙叙旧，谈谈心，切磋技艺，交流思想，这才是酒宴的宗旨。它应该是显现融洽亲切、高雅欢快的场面。

学会酒桌规则，提高应酬水平

酒作为一种交际媒介，对朋友聚会、迎宾送客、彼此沟通、传递友情都发挥了独到的作用。所以，探索一下酒桌上的奥妙，有助于提高年轻人的应酬水平。

1. 敬酒有序，主次分明

敬酒也是一门学问。一般情况下敬酒应以年龄大小、职位高低、宾主身份为序，敬酒前一定要充分考虑好敬酒的顺序，分明主次。即使与不熟悉的人在一起喝酒，也要先打听一下身份或是留意别人如何称呼，避免出现尴尬的状况。

敬酒时一定要把握好敬酒的顺序。有求于席上的某位客人，对他自然要倍加恭敬，但是要注意：如果在场有更高身份或年长的人，则不应只对能帮你忙的人毕恭毕敬，也要先给尊者、长者敬酒，不然会使大家都很难为情。

2. 察言观色，了解人心

要想在酒桌上得到大家的赞赏，就必须学会察言观色。与人交际就要了解人心，左右逢源，才能演好酒桌上的角色。

3. 瞄准宾主，把握大局

大多数酒宴都有一个主题，也就是喝酒的目的。赴宴时首先应环视一下各位的神态表情，分清主次，不要单纯地为了喝酒而喝酒，而失去交友的好机会，更不要让某些哗众取宠的酒徒搅乱东道主的安排。

4. 语言得当，诙谐幽默

酒桌上可以显示出一个人的才华、学识、修养和交际风度，有时一句诙谐幽默的语言，会给别人留下很深的印象，使人无形中对你产生好感。所以，应该知道什么时候该说什么话，语言得当、诙谐幽默很关键。

5. 众欢同乐，切忌私语

大多数酒宴宾客都较多，所以应尽量多谈论一些大部分人能够参与的话题，得到多数人的认同。因为个人的兴趣爱好、知识面不同，所以话题尽量不要太偏，避免唯我独尊，出现跑题现象，而忽略了众人。

特别是尽量不要与人贴耳小声私语，给别人一种神秘感，使他人产生"就你俩好"的嫉妒心理，影响喝酒的效果。

6. 锋芒渐射，稳坐泰山

酒席宴上要看清场合，正确估价自己的实力，不要太冲动，尽量保留一些酒力和说话的分寸，既不让别人小看自己，又不要过分地表露自身。选择适当的机会，逐渐放射自己的锋芒，才能稳坐泰山，使大家不敢低估你的实力。

怎样说好祝贺语

祝贺是一种常用交际用语，一般是指对社会生活中有喜庆意义的人或事表示良好的祝愿和热烈的庆贺。通过祝贺表达你对对方的理解、支持、关心、鼓励和祝愿，以抒发情怀、增进友谊。

从语言的表达形式看，祝贺词可以分为祝词和贺词两大类，祝词是指对尚未实现的活动、事件、功业表示良好的祝愿和祝福之意；贺词是指对于已完成的事件、业绩表示庆贺的祝颂。

一般说，祝贺总是针对喜庆意义的事的，因此，应讲一些吉利、欢快、使人快慰和感动兴奋的话。祝贺要注意以下几点：

1. 情景性

祝贺总是在特定的情景下进行的，因此一定要考虑到特定的环境、特定的对象、特定的目的，使之具有明显的针对性。

2. 情感性

祝贺语要达到抒发感情、增进友谊的目的，必须有较强的鼓动性与感染力，因此要求语言富有感情色彩，语气、语调、表情、姿态等都要有浓烈的感情色彩。大多数成功的祝贺词本身就是一篇短小精悍的抒情独白。

3. 简括性

祝贺词可以事先做些准备，但多数是针对现场实际有感而发，讲完即止，切忌旁征博引，东拉西扯。语言要明快热情、简洁有力，才能产生强烈的感染力。有些祝贺词要进行由此及彼的联想、由景生情的发挥，但必须紧扣中心、点到为止，给听众留下咀嚼回味的余地。

4. 礼节性

祝贺词在喜庆场合发表，要格外注意礼节。一般需站立发言，称呼要恰当。不要看稿子，双目要根据讲话内容时而向祝贺对象致礼，时而含笑环视其他听众。要与听者作感情的交流。还可以用鼓掌、致敬等动作加强与听众心灵的沟通，以增强表达效果。

其实，喜庆活动本身就很讲究礼仪，祝贺是其中一个环节，要适时地穿插进去。例如祝酒，在饮第一杯酒之前，主人要致祝酒词。祝酒词内容要围绕此次邀请的主旨，一般包括感谢来宾光临酒宴、阐明宴请的目的、对未来的美好祝愿等。话语要简短，最好要有点幽默感，要使人欢愉、快慰、感奋。为此，辞藻可稍加修饰，但不要矫揉造作。致祝酒词时要起立，致辞后与客人们轻松碰杯，然后干杯。

再如贺婚。贺婚词的内容一般包括三个方面：对新郎新娘的幸福结合表示祝贺、对新郎新娘的爱情加以赞颂或介绍有关趣事、对他们的美好未来真诚祝愿。语言宜简洁优美而富有激情。来宾祝贺后，可由新婚夫妇作答谢讲话。

避免无趣谈话的6个技巧

我们常会看到这样的情况，两个谈话者中一个谈兴盎然，另一个却哈欠连天，这种趣味索然的谈话是应该避免的，具体的方法如下。

1. 讲个好故事

故事能使观点更清晰，使复杂的问题简单化，使模糊的问题清晰明朗化，还可以维持听众的兴趣，给他们以精神的愉悦，或者起到松弛气氛的作用。你的故事也可以激起同情、使人震惊、激起自豪感。

即使故事本身比较一般，但只要讲法得当，照样会吸引听众。善讲故事者知道怎样运用细节，懂得控制语言的节奏，知道该在什么地方停顿——讲故事需要戏剧化的手法。

2. 随时测试谈话对方是否对你的话题感兴趣

讲话时要随时注意对方的反映，如果对方一直能接上你的话头，就说明对方感兴趣；否则你就该随时提出出人意料的问题，看看对方是否答得出来，结果答不出来，这就代表对方已经对话题感到厌烦，这时你最好换个话题。

3. 如果双方都感到厌烦，你应该给他离开的机会

有些时候谈话双方都会觉得像是被冲到沙滩上的活鱼，除了热和渴之外还觉得头昏眼花，然而谁都不好意思说要回到大海畅游一番。这时候你应当试着打破僵局，礼让对方先走一步。例如，你可以说："我不占用你太多时间，还有很多朋友等着和你叙旧吧？"

4. 当别人发现你没在听他谈话时

这时对方会有被冒犯的感觉，而你应该立即给人家一个"台阶"，比

如"后来怎样？""你的意思是说？""你能否再换个方式讲一讲？"如果这还不能奏效，那就再换个方式，比如，"对不起，我忘记听了，我正在思考你一分钟前说的事情。"或者"你刚才说的事让我想起了……"

5. 怎样阻止喋喋不休的谈话

如果你实在受不了对方的语言轰炸，可以用非常简短的问题阻止对方，这些问题通常只需要三两个词语回答。这样你就巧妙地给了对方一个信号，而且你也不会显得无礼——因为你是在问对方问题。

6. 用软性词语转移话题

当别人发表反对你的意见或讨论你不感兴趣的话题时，为了避免争吵，你可以转移话题，比如，"确实有些人是这么看的，如果你不介意，我想问一问别的方面的问题。"

不该说的5个话题

在交际过程中，一些敏感问题是需要主动回避的。具体包括以下几方面。

1. 与钱有关的事

金钱问题纯属个人私事最好不要谈及。例如，你这件新的毛皮大衣零售价多少？批发价呢？房子的价钱多少？开价又是多少？小王的薪水多少，包括奖金？你借贷多少？老李必须支付多少赡养费？你太太整形花了多少？房子里装设一间新的浴室要多少钱？送你岳母去旅行一趟花了多少？

2. 争论性的话题

如政治、宗教、堕胎、同性恋和核能等，当有人想谈这些话题时，最好不要参与谈论。

3. 哀伤的话题

在很多场合尤其是喜庆场合中，如死亡、苦痛、饥荒和虐待等话题应尽量避免。

4. 谣言与闲话

最好避免谈及已经发生但不明确的传言。

5. 陈腐和夸张的话题

有些话题，例如，名人、军事和财务新闻等，媒体已经报道过度；提出这类主题来作为话题，可能会被认为庸俗而且完全缺乏想象力。反之，如果你拿大家熟悉且能参与的时事来当话题，你将是一个受欢迎的人。谨防谈及一些陈腔滥调和迂腐的题目。

谁能制造话题谁就是主角

有一些人在社交界非常活跃，无论参加谁的聚会，他们似乎都认得每位客人并且左右逢源。如果你悉心研究就会发现他们成功的秘密。在任何场合，他们所扮演的都是主人而非宾客的角色；他们热心地介绍客人们相互认识，替他们换饮料，为客人指示更衣室，甚至请人上台高歌一曲。

那些甘于扮演宾客角色的人则正好相反，不是无聊得要命就是被其他人所忽视。不要等别人来介绍你，拿饮料给你，或介绍你认识新走马上任的经理，积极主动是达成圆满社交的不二法门。

在人群之中常常是谁能制造话题谁就是主角。因此，你要善于刺激对方的创造力与想象力，如果你知道对方有某方面的才能，或你的问题是能够引起大众兴趣的话题，你可以大胆征求别人在这方面的想法，刺激他的创意。而如果他的话题被人打断，你要想法诱使他继续原来的话题，这就好比别人在说故事的时候，如果有人在旁边追问结果怎样，说故事的人就会更加起劲。

在你的故事中一定要想法给出细节，因为"事实"是你谈话的"骨头"，还应给它增加血肉——给出背景，描绘出图画。不要只是说："小宋是个有趣的家伙。"还要说清楚：他为什么有趣？什么时候？做了什么事？说了什么话？不要只是说："这个专题为我们打开了通往新世界的门户。"什么时候？为什么？怎样？对谁而言？这些才是别人最关心的。当然，故事的生动性还在于使故事与当时的话题关系密切，如果你的故事与大家正在讨论的话题关系密切。就能更好地吸引听众的注意力。如果你的故事使正讨论的话题进一步深化，一定会博得大家的喝彩。

更有趣的是，如果你让别人做你故事中的男女主人公，你一定会大受欢迎，尤其当他们具有英雄的品质时，你最好让你的朋友替代你的角色，否则别人会认为你过于以自我为中心了。

如果当时的空气有些沉闷，你可以把你的谈话目标瞄向"欢娱"，"欢娱"有很广泛的含义：让别人在自己感兴趣的话题上得到新知，给其他人新的信息，对共同关心的话题交换看法，认识有着非凡经历的人物，等等。训话或辩论很少能使人"欢娱"，最好避免涉及。

当别人询问你时，要采用机智的回答方式，"机智"包含迅速与聪明两个方面。你可以在平时积累一些机智的回答方式，也可以在对话现场逐步练习。这方面的麻烦更多的来自反应速度，如果你准备了几个有创意的回答，不妨留一两个下次再用。

制造欢乐气氛的9个诀窍

在应酬中，人们希望出现令人愉悦的场面，能够制造欢乐气氛的人往往更受欢迎。以下方法可帮助你成为社交场上的活跃人物。

1. 倾心的赞美

老朋友、新同事见面不免介绍寒暄一番，这是一个极好的活跃气氛的机会。借此发表一番"外交辞令"，把每个人的才能、成就、天赋、地位、特长等作一种夸张式的炫耀与渲染，这可使朋友们感到自己深深地为你所了解、所倾慕。尤其是利用这种方式把朋友推荐给第三者，谁也不会去计较其真实性，但你却张扬了朋友最喜欢被张扬的内容。这种把人抬得极高但没有虚伪、奉承之感的介绍，会立即使整个气氛变得异常活跃。

2. 引发共鸣感

朋友、同事相聚，最忌一个人唱独角戏，大家当听众。成功的社交应是众人畅所欲言，各自都表现出最佳的才能，做出最精彩的表演。为达到这一目的，就必须寻找能引起大家最广泛共鸣的内容。有共同的感受，彼此间才可以各抒己见；仁者见仁，智者见智，气氛才会热烈。所以，你若是社交活动的主持人，一定要把活动的内容与参加者的好恶、最关心的话题、最擅长的拿手好戏等因素联系起来，以免出现冷场。

3. 有魅力的恶作剧

善意地、有分寸地取笑朋友并不是坏事，双方自由自在地嬉戏，超脱习惯、道德、远离规则的界限，享受不受束缚的自由和解除规律的轻松，是极为惬意的乐事。恶作剧具有出人意料的效果，它起于幽默，使人欢笑。人们在捧腹大笑之际，会深深地感谢那个聪明的、快乐的制造者。

4. 寓庄于谐

社交中需要庄重，但自始至终保持庄重气氛就会使场面显得紧张。寓庄于谐的交谈方式比较自由，在许多场合都可以使用。用幽默、诙谐的语言，同样可以表达较重要的内容。当年毛泽东主席在接见国民党谈判代表刘斐先生时说："我是湖南人吧！老乡见老乡，两眼泪汪汪。"顿使刘斐先生的紧张心情轻松了一大半，打消了拘束感，紧张的会谈气氛也因此缓和了下来。

5. 提出荒谬的问题并巧妙应答

生活中，总是一本正经的人会给人古板、单调、乏味的感觉。交谈中，不时穿插一些朋友们意想不到的、貌似荒谬而实则极有意义的问题，是很好的一种活跃气氛的方法。

也许会有人时常问你一些荒谬的问题，如果你直斥对方荒谬或不屑一顾，不仅会破坏交谈气氛，而且会被人认为缺乏幽默感。

学会提出引人发笑的荒谬问题并能巧妙应答，有助于良好社交气氛的形成。

6. 带些"小道具"

朋友相聚，也许在初见面时因打不开局面而陷于窘境，也许在中间出现冷场。这时，你随身携带的小道具便可发挥作用。一个精致的钥匙链可能引发一大堆话题，一把扇子既可用作帽子又可题诗作画，也可唤起大家特殊的兴趣。小道具的妙用不可小瞧。

7. 制造一些无伤大雅的小漏洞

漏洞是悬念、是"包袱"。制造漏洞会使人格外关注你的所作所为，待你抖开"包袱"之后，人们见是一场虚惊，都会付之一笑。

8. 适当贬抑自己

自我贬低、自我解嘲，这种战术是最高明的。往往是老练而自信的人才会采取这种方式。贬抑会收到欲扬先抑、欲擒先纵的效果，众人将在哄笑声中重新把你抬得很高。自我贬抑既可活跃气氛，又能博得他人的好感。

9. 故意暴露一下"缺点"

你可以偶尔故作滑稽，搞出一副大大咧咧、衣冠不整的样子；或莽撞调皮、佯装醉汉，摆出一副满不在乎的神情，等等。这些"缺点"平素在你身上不常见，人们突然观察到这种变化，会有一种特殊的新鲜感，你收得拢、放得开的举止会令人捧腹大笑，使大家对你刮目相看。

如何在酒宴中保持清醒

酒已成为商业交际的一种媒介。在复杂的商业往来之中，除了正式宴请或交易之外，难保不会有"陷阱"存在，使醉眼蒙眬的人吃亏上当。

然而，人性使然，所谓"不饮斗酒""不饮联席酒"或承认自己醉了，都是很难做到的。所以，了解一些判断自己或别人醉到什么程度的方法是相当必要的，否则有可能惨遭"美人计"或"仙人跳""偷梁调包"等。

大致上，喝到指头动作稍有笨拙是轻微的醉感；说话声音大，意气昂扬，是较进一步的醉意；有睡意，轻微的脚步不稳，则再深一层；话多，用打火机时不灵活，不能一人走路，有人搀扶时也歪歪斜斜的，则是更深一层；语言不清，一句话反复不已，容易笑也容易哭，则醉得更深；动作迟钝，言语含糊不清，摇晃后会呕吐和打盹，已是大醉；在任何地点都会睡倒，则是处于烂醉状态。

酒不醉人人自醉，喝酒最可怕的还是酒色财气齐集。遇上这一类的场合应酬，千万要把握原则——随时保持神志清醒，了解自己是为了交际应酬而到此一游。

酒喝多了劳形伤身。学会一点儿却酒的艺术，在日常交际中是十分必要的。下面试举几例，供年轻人参考。

1.针对后果却酒，智在前车之鉴

饮酒当然应是喝好而不喝倒，让人乘兴而来、尽兴而归。那种不顾实际的劝酒风，说到底也不过是以把人喝倒为目的，此乃劝酒之大忌。

当酒已喝到一半量时，应向东道主或劝酒者说明情况。如："感谢你对我的一片盛情，我原本只能喝三两酒，今天因喝得格外称心，多贪了几杯，再喝就'不对劲'了，还望你能体谅。"如此开脱以后，就再也不要喝了。运用这种实实在在地说明后果和隐患的却酒术，只要劝酒者明白"乐极生悲"的道理，善解人意，就会见好就收。

2.满面笑容却酒，智在以柔克刚

有不少人发现，相当多的"酒精（久经）考验"的拒酒者，任凭你天花乱坠地劝，他只是笑眯眯地频频举杯而不饮，而且振振有词。

张某乔迁之日，特邀亲朋祝贺。小李也在其中，然而小李平素很少饮酒，且酒量"不堪一击"。酒宴上，小王提议和小李单独"意思"一下，小李深知自己酒量的深浅，忙起身，一个劲儿地扮笑脸，说圆场话："酒不在多，喝好就行。""经常见面，不必客气。""你看我喝得满面红光，全托你的福，实在是……"结果也使小王无可奈何。

3.反守为攻却酒，智在后发制人

反守为攻，意即先不动声色，静听其言，等待时机；一旦时机成熟，抓住对方言辞中的"突破口"，以此切入，反守为攻，使对方无法争辩，从而却酒。

刘某新婚大喜之日，当酒宴进入高潮时，某"酒仙"似醉非醉、侃侃而谈，请三位上座的来宾一起一人"吹"一瓶。面对"酒仙"言辞上的咄咄逼人，三位来宾中的一人站起来说："我想请教你一个问题，'三人行，必有我师'，这是不是孔子的话？""酒仙"随即答："是的。"来宾见其已入"圈套"，便说："既然圣人说'三人行，必有我师'，你又提议要我们三人一起喝，你现在就是我们三位最好的老师，请你先示范一瓶，怎么样？"这突如其来的一击，逼得"酒仙"束手无策，无言以对，只得解除"酒令"。

此番却酒，妙就妙在某来宾不动声色，静听其言，然后抓住"酒仙"言辞中的切入点提出问题，悄悄布下"圈套"，诱使其说出（或同意）与自己相似的观点，请君入瓮，随即收拢"圈套"，以"诺"攻"诺"，反戈一击，达到制胜却酒的目的。

4. 突出事实却酒，智在申明情况

事实胜于雄辩，无懈可击。拒酒时若能突出事实，申明实际情况，再配上得体的语言，能令劝酒者也无可奈何。

A君参加一个生日宴会，B君好久未和A君相逢，提出要和A君痛饮三杯。A君说："你的厚意我领了，遗憾的是我最近一段时间身体不适，正在吃药，好久滴酒不沾，只好请你多关照。好在来日方长，后会有期，日后我一定与你一醉方休，好吗？"此言一出，宾客们都纷纷赞许，B君也只好罢手。

酒后之词要学会辨别

有人把饮酒和才情的发挥、文思的涌现、灵感的勃发等联系在一起。李白斗酒诗百篇；张旭喝了酒会以发蘸墨，龙飞凤舞；武松在景阳冈喝了18碗酒，才打得死那吊睛白额猛虎。但是，不可否认的是，除了特殊的人以外，大多数人喝多了酒，在酒精的影响下会失去常态。

人们常说："以酒盖脸，无话不谈"，或者"酒后吐真言"。这种情况当然存在，但是不可否认的是在更多情况下，由于酒精的作用，不少人酒后出狂言、酒后出谰言、酒后出胡言。对于酒后之言不可一概不信，更不可一概全信，而要认真分析，根据不同情况加以取舍；或者凭自己的判断，去其虚伪，取其精实，这才是正确的办法。

首先，我们必须认真观察，仔细判别酒后说话之人醉到了一种什么程度。事实上，醉酒的程度大体可以分成五个等级，即微醉、初醉、深醉、大醉、沉醉。

微醉的人理智依然十分清楚，所以其言谈并未受到酒精的影响，思路也清楚，而有酒助兴，神经略显亢奋而已。此时，谈话者一般表现为神采奕奕，谈锋颇健，而且思路清楚。逻辑性严密，一些平时少言寡语、城府较深的人这时可能大异于平时。所以，可以认为这是听话、交谈的大好时机。但是也要记住，此时说话人醉酒极轻，思想活跃，完全能够控制自己，所以不该把他所说的全都认为是"真言"，要知道，说不定由于他们此时思想活跃，反而在语言中运用了更多的技巧和隐语。因此，必要的去粗取精，去伪存真，由表及里的功夫仍不可少。不过，这倒是一个与之促膝谈心、开诚布公，进一步窥视其内心隐秘的大好时机。

初醉在醉酒程度上已较微醉更进一层。此时，说话人在思路上、交谈的欲望上已出现不受主观意念支配的现象。一般情况下，这也是"酒后吐真言"的前期阶段。

正因为如此，初醉者此时谈话的特点是：或者滔滔不绝，不让别人插言；或者神情激奋，表情认真；或者斩钉截铁，一言九鼎；或者态度神秘，令人莫测；或者思路灵活，大异往时；甚至语惊四座，极度坦诚。总之，此时由于酒精作用大脑的活动已进入亢奋时期，在较大程度上已不受日常习惯和顾虑的限制。虽然语言清晰、逻辑合理、情绪兴奋、态度诚恳、但是却已异于平时，再不受脸面、环境、关系、礼俗等的约束。可以说，他已经到了道平时所不想道、说平时所不肯言，破除情面关系、扫除世俗障碍、据实陈述的时候。这是听话的千金难买的大好时机，切不可轻易放过。

人到了大醉就已经开始失去理智，此时，人的思维已经紊乱，意识已经模糊，判定能力已经失去。所以已经说不出什么有逻辑、有思想的谈话，从这种意识几近模糊的谈话中，已经很难获得说话的真实含义以及真实思想。

人进入沉醉状态时，正常意识已基本消失，大多沉沉入睡；即使未曾入睡，也完全失态；即使尚能说话，也是语无伦次。既谈不上什么语言，更谈不上传达什么思想和信息了。

综上所述，初醉乃是谈话和听话的黄金时间，所谓酒后吐真言者，当其时也。所以，在这种情况下，听者应当集中精力，努力获取信息，万勿以酒后之词无足轻重而弃之。如果说话人已进入大醉的阶段，此时之言，多不足信，听不听两可。

女士在酒宴中保护自己的技巧

不管你是否懂得喝酒，在公共场合里，作为女性，你还是以不喝酒或点到为止为妙。因为酒能乱性，若是酒后失言或酒后失仪，对你的形象甚为不利。特别是一些略有酒量而一向又自以为豪放的女性，更加不适宜在男性面前逞英雄。

一些居心不良的男士微醉之时，常常把平常不敢开口的话利用醉意或是假醉态脱口而出。

"干杯啦！啤酒跟水没两样！干一杯吧！"

"我已经不行了。"

"你行嘛！我可以保证。我开车送你回家，不用担心。"

他们大概都使用这一类的台词劝女性喝酒。

要拒绝强人所难的敬酒，应该利用下列模式：

"我一喝酒，性情会变得十分狂暴，手一碰到东西就摔破，大概是'酒能乱性'。"

"是吗？看起来不像。"

"或许是遗传吧！家父醉酒之后就掷酒杯，掀桌子，我也是一样，至你有没有办法阻止？"

这时逞强的男性就会收敛三分。

"我最近常常胃痛，医生诊断结果，有胃溃疡的可能，严禁喝酒……方式也同样有效。

另一个方法，就是装出像煞有介事的样子：

"说实在的，宴会之后，有人要带我去跳舞，我有点紧张！"

然后，意味深长地笑一笑。男士会急着问：

"跟谁？到什么地方？"

"男朋友警告不可以讲……"轻轻地笑出声。

如果是有不死心的男人，听到这句话会说：

"没那么傻！我才不去。"

这时你可以环顾一下会场，将这位讨厌的男性带到女性的集团里。

"请各位保护这位先生好吗？"

把这厌烦之人交给她们，自己就可以开溜了。